Über dieses Buch
Die 36 Orakelkarten nach Mme. Lenormand einmal auf die Bärtschi-Art: heiter, frech – und dennoch oder gerade deswegen sehr liebevoll und treffend. Jede Karte hat eine eigene Geschichte, die in diesem Buch anklingt. Zusätzlich werden die symbolischen Aspekte der einzelnen Karten vorgestellt.

Über die Künstlerin und Autorin
Judith Bärtschi (Jahrgang 1965) lebt als »Dasignerin« in Bern. Seit 1990 stellt sie ihre Bilder aus, entwirft Kartenserien und veröffentlicht Cartoon-Bände – alle in der für sie so typischen Malweise gestaltet.
Ihr Verhältnis zur Kunst:»Ich lebe nicht davon, dafür dafür!«

Über den Autor
Harald Jösten (Jahrgang 1960) studierte nach einer Ausbildung zum Buchhändler Germanistik, Literaturwissenschaft, Niederlandistik und Geographie in Kiel und Groningen/NL. Seit mehr als 20 Jahren lebt und arbeitet er in Schleswig-Holstein. Fast ebenso lange beschäftigt er sich mit dem Thema Symbole und Symbolsprachen und deren psychologischer Deutung.

Weitere Titel von Judith Bärtschi:
ALLtagskarten. 77 Bild- und 3 Textkarten.
Judith Bärtschis ALLtagspostkarten. 12 Postkarten im Etui.
Himmlische Helfer. 52 Engel-Karten.

Weitere Titel von Harald Jösten:
Das Primavera Tarot.
Der neue Schlüssel zu den Karten der Mme. Lenormand.
Lenormand – Liebe, Glück, Erfolg.
Lenormand-Orakel – Erklärung, Deutung, Anwendung.

Judith Bärtschi

Judith Bärtschi Lenormand

mit Texten von Harald Jösten

Königsfurt

Bibliographische Informationen der Deutschen Bibliothek
Die Deutsche Bibliothek verzeichnet diese Publikation in der Deutschen Nationalbibliographie; detaillierte bibliographische Daten sind im Internet über http://dnb.ddb.de abrufbar.

Originalausgabe

© 2007 by Königsfurt Verlags GmbH
D-24796 Krummwisch bei Kiel
www.koenigsfurt.com

Umschlaggestaltung & Lithos: Stefan Hose, Götheby-Holm,
unter Verwendung des Bildmotivs der Karte 9 *Blumenstrauß*
aus dem Judith Bärtschi Lenormand-Deck
Satz : A. + H. Betken, Oldenbüttel
Druck und Bindung: Uniprint

Printed in EU

ISBN 978-3-89875-911-3   (Buch separat)
ISBN 978-3-89875-910-6   (Buch & Karten im Set)
ISBN 978-3-89875-909-0   (Karten separat)

Inhalt

17 Storch
Seite 48

18 Hund
Seite 50

19 Turm
Seite 52

20 Garten
Seite 54

21 Berg
Seite 56

22 Weg
Seite 58

23 Mäuse
Seite 60

24 Herz
Seite 62

25 Ring
Seite 64

26 Buch
Seite 66

27 Brief
Seite 68

28 Herr / Mann
Seite 70

29 Dame / Frau
Seite 72

30 Lilien
Seite 74

31 Sonne
Seite 76

32 Mond
Seite 78

33 Schlüssel
Seite 80

34 Fische
Seite 82

35 Anker
Seite 84

36 Kreuz
Seite 86

Für gewöhnlich steht an dieser Stelle ein »Vorwort« oder eine »Einführung«. Wie Sie sehen, ist das hier anders – wie überhaupt dieses Buch und diese Karten ein wenig anders sind als all die anderen Lenormand-Bücher und -karten.

In diesem Buch gibt's vorab – wie in der Schweiz üblich, wenn etwas Schönes oder Aufregendes beginnt – einen Apéro, hochdeutsch *Aperitif*, ein Appetitanreger. Zumindest in übertragenem Sinne soll dieser Apéro Lust auf mehr machen (wir wollen Sie ja nicht gleich zu Anfang betrunken machen – wenn Sie sich aber anlässlich des Lektürebeginns ein Gläschen Sekt gönnen möchten, so spricht da wohl kaum etwas gegen). Möglicherweise – hoffentlich – sind Sie aber nach der Lektüre des Buches und nach dem Genuss der Karten trunken – von neuen Ideen, Anregungen und Erkenntnissen.

Doch fangen wir am Anfang an. Zunächst möchten wir Ihnen unseren aufrichtigen Dank dafür aussprechen, dass Sie sich für dieses Buch und diese Karten entschieden haben. Das zeugt von Geschmack und von Mut, Offenheit und Experimentierfreude. Warum?

Solche Lenormand-Karten, wie Sie sie hier jetzt sehen, gab es niemals zuvor! Sie erleben hinsichtlich der Motive, der Darstellungsweise und vor allem auch der inhaltlichen Annäherung etwas völlig Neuartiges und durchaus Experimentelles in der Welt der Lenormand-Karten.

Vordergründig greifen die Karten von Judith Bärtschi zwar auf den bekannten, typischen Lenormand-Motivkanon zurück, befreien diesen aber radikal von musealem Staub, um sie in ein neues, heiteres Licht zu rücken. Sie sind *schreiend* bunt und von üppiger orientalischer Pracht. Sie sind frisch, frech, ja frivol – quicklebendig eben! Selbst eine so düstere Karte wie der *Sarg* wirkt geradezu heiter.

So bunt ging es bei Lenormand noch nie zu! Das *Haus* – Pippilottas Villa Kunterbunt war ein schäbig-graues 50er-Jahre Siedlerhäuschen gegen dieses prachtvoll herausgeputzte Idyll – so sieht Heim und Heimat in unseren Träumen aus. Das *Schiff* – wer möchte nicht unter solchen farbenfrohen Brokatsegeln über das Meer des Unbewussten segeln? Der *Blumenstrauß* – als üppiges Blütengesteck Hutzier eines Vogel Strauß, der mit einem kessen Bienchen flirtet. Das *Kind* auf einem Karusselpferdchen – kann man kindliche Unbeschwertheit, unbefangenes Herangehen an Neues, Abenteuerlust und Aufbruchstimmung treffender darstellen? Der *Hund* – kein bieder-treuer Wachhund vor der Hütte – ein affektiertes Pudeldämchen auf rotem Louis-Sowieso-Sofa: die Evolution der Treue. Oder dieses *Herz – Mutter Maria steh' mir bei!* Und dass eine Domina im Lederdress die *Rute* schwingt – quelle surprise!

Und Judith Bärtschi bringt nicht nur optisch frischen Wind in die Welt des Orakelns. Sie bringt (Selbst-)Ironie ins Spiel und diese wunderbare Gelassenheit, die das Leben so angenehm macht, ohne zu vergessen, dass es auch Schattenseiten gibt. Aber auch, wie ihr ehedem ein alter Lehrer bescheinigte, eine *sympathische Gleich–Gültigkeit* den Fährnissen der Welt und des Lebens gegenüber. Sie bestaunt das Leben mit einem verschmitzten Augenzwinkern, wo andere stirnrunzelnd über Probleme und Schwierigkeiten grübeln. Diese positive Einstellung dem Leben gegenüber duftet Ihnen aus jeder dieser Karten entgegen. Sie werden immer wieder Neues entdecken. Witzige Wortspiele verbergen sich in und hinter den Bildern, überraschende Details, sinnig Hintersinniges, Einfaches und kindlich Unbeschwertes, aber durchaus auch Abgründiges.

Ein weiteres Novum sind die vielen neuen Motiv-Elemente aus anderen Kulturen, insbesondere aus dem buddhistischen Kulturkreis. Judith Bärtschi verbindet Orient und Okzident erstmals auf Lenormand-Karten, die bis dahin *klassisch europäisch* geprägt waren. Sie überschreitet damit bisherige Grenzen und öffnet den Blick auch auf neue, andere Sichtweisen. Damit sind diese Karten nicht nur ein Spiegel der Seele des Betrachters, sondern auch unserer kulturellen Gegenwart – Ureuropäisches mischt sich mit Asiatischem, mit Indischem: Buddha trifft Kreuz, Lakshmi trifft Maria. Polyglott, multikulturell, eklektisch – verwurzelt in der europäischen Tradition und gleichzeitig immer wieder in neue, andere, internationale Richtungen wachsend. Darf man das?

Man darf, ja man muss vielleicht sogar. Schließlich endet unser Horizont nicht mehr am Hunsrück und schließlich kennen viele von uns die Coromandelküste, Madras (nicht nur des Currys wegen…) und Pondicherry (der Ayurveda-Zentren wegen) besser als die Rhön oder den Westerwald. Als Reiseweltmeister haben wir vieles mit eigenen Augen vor Ort gesehen und was wir nicht live gesehen haben, das holen wir uns via Fernsehen und Internet nach Hause. »Die Welt ist ein Buch. Wer nie reist, sieht nur eine Seite davon«, sagte schon der Kirchenlehrer Augustinus Aurelius. Wer seine drei Wochen Urlaub nicht ausschließlich am Pool im All-inclusive-Hotelghetto verdaddelt, bekommt fast zwangsläufig etwas Kultur und Tradition ferner Länder ab. So ist den meisten von uns ein *Mudra* nicht mehr fremd, wissen wir auch mit der australischen *Regenbogenschlange* etwas anzufangen.

9

Anders sind auch die Deutungstexte zu den einzelnen Karten. Sie werden keine endlosen Litaneien von Bedeutungskombinationen – wenn *Reiter* neben *Blumenstrauß*, dann bedeutet er das, wenn neben *Sense*, dann das, usw. – finden. Sie werden keine *Instant-Patent-Rezepte* für ein sorgloses Leben finden, à la »Morgen kommt der Prinz…«. Sie werden auch keine umfassenden Zusammenstellungen symbolischer Bedeutungsaspekte zu den einzelnen Motiven finden – wenngleich dies ein sehr spannender und weit führender Zugang wäre. Dafür werden Sie ganz pointiert Einzelaspekte einer bei jedem Kartenmotiv vorhandenen breiten Bedeutungspalette herausgearbeitet sehen. Dies soll vor allem eines bewirken: Dass Sie selbst initiativ werden, Sie sich Ihre eigenen Gedanken über die gerade für *Sie* mögliche konkrete Bedeutung machen. Warten Sie nicht darauf, dass andere (Menschen oder Karten) Ihnen Entscheidungen abnehmen – entscheiden Sie selbst!

Genießen Sie das, was gerne die *Arbeit an sich selbst* genannt wird. Natürlich kann diese Arbeit anstrengend sein, vielleicht sogar manchmal belastend. Natürlich können wir angesichts unserer vielen Probleme Trübsal blasen – aber niemand zwingt uns dazu! Warum sollen Bewusstwerdungsprozesse nicht auch viel Spaß machen, warum sollten wir bei der psychologischen Reflexion, bei der Auseinandersetzung mit unseren dunklen und hellen Seiten nicht auch lachen und uns freuen? Durch Humor wird Tiefsinn sichtbar, mit Humor kann man auch gefahrvolle Situationen unbeschadet überstehen. Wie schrieb Hape Kerkeling so treffend in seinem auch unter spirituellen Gesichtspunkten sehr lesenswerten Buch *Ich bin dann mal weg – Meine Reise auf dem Jakobsweg*[1]: »Eigentlich ist Humor doch nichts anderes als das Verhindern von Eskalation. Ein Ventil. Wer von Herzen lacht, signalisiert: Ich bin nicht gefährlich. Wer versucht ein Lachen oder ein Lächeln zu provozieren, fragt eigentlich: Bist du gefährlich oder magst du mich?« Geradezu buddhistisch – Humor als Vehikel von Gewaltlosigkeit und Friedfertigkeit. Und zum Abschluss noch ein Zitat, diesmal von Charles Dickens: »Gibt es eine bessere Form, mit dem Leben fertig zu werden, als mit Liebe und Humor?«

Diese Karten sind vor allem eines: überhaupt nicht langweilig! Sie sind so anregend, dass wir Sie nun gar nicht länger davon abhalten wollen, sich intensiver mit ihnen zu beschäftigen…

Judith Bärtschi & Harald Jösten

❀ ❀ ❀

[1] Hape Kerkeling: *Ich bin dann mal weg – Meine Reise auf dem Jakobsweg*. München (Malik) 2006, S. 61

Wer war Mme. Lenormand

Ob Madame Marie-Anne Lenormand sich jemals hätte träumen lassen, dass ihr Name über zweihundert Jahre nach ihrem Tode noch immer in aller Munde ist, na ja, im Munde Vieler? Geträumt hat sie sicher davon – qua Amt und Würden wird sie es womöglich sogar gewusst haben – es stand bestimmt in ihren Karten, oder?

Schließlich galt sie schon zu Lebzeiten und erst recht später als die berühmteste Wahrsagerin Europas. Sie beriet die Reichen und Berühmten ebenso wie die Armen und Geplagten. Sie wurde dadurch nicht nur berühmt, sondern auch wohlhabend. Um ihr Leben und Wirken ranken sich viele Legenden, an denen sie selbst (auch in Wahrsagerkreisen ist das Geheimnis ein nicht zu unterschätzender Faktor des wirtschaftlichen Erfolgs) und ihre Nachkommen offenbar eifrig mitgestrickt haben. Das beginnt bereits mit ihrem Geburtsdatum und setzt sich durch ihre ganze Biographie hindurch fort. Ist sie nun am 16. September 1768, wie gesagt wird[2], oder doch 1772[3] geboren, wie wohl inzwischen bestätigt? Hat sie nun Napoleon geweissagt oder doch nur Josephine, seiner Gattin? Sicher scheint nur ihr Todestag, der 25. Juni 1843. Wenn Sie sich ausführlicher mit der Lebensgeschichte der Mme. Lenormand beschäftigen möchten, empfehle ich dazu die umfangreiche Biographie von Dicta Dimitriadis in der erweiterten deutschen Übersetzung von Kornelia Igges (bibliographische Angaben siehe Literaturverzeichnis).

Tatsächlich ist die Biographie der Mme. Lenormand hier auch nicht weiter relevant. Denn das, was wir unter ihrem Namen kennen, hat außer eben diesem Namen nichts mit der Person zu tun. Mit ziemlicher Sicherheit stammen nämlich die nach ihr benannten Karten gar nicht von ihr, sondern sind eine *Erfindung* cleverer Marketing-Strategen des mittleren 19. Jahrhunderts, die einerseits die Orakelbegeisterung der Zeit nutzten, sich andererseits der Berühmtheit der kurz zuvor Verblichenen bedienten und aus beiden das bis heute erfolgreichste Orakel-

❀ ❀ ❀ ❀

[2] z. B. Petra Göbel in ihrem Artikel *Lenormand – Serie Teil 1* in *astro-privat*, April 2007, S. 78. Möglicherweise verwechselt Göbel jedoch den Taufeintrag von Marie-Anne mit dem Taufeintrag einer gleichnamigen, einige Jahre zuvor geborenen älteren Schwester, die kurz nach ihrer Geburt gestorben war.

[3] In fast allen biographischen Angaben wird als Taufdatum der 27. Mai 1772 angeführt, so z. B. bei Biwer 1997 oder bei Dimitiradis / Igges, 2006. Wahrscheinlich ist Mme. Lenormand tatsächlich einige Tage zuvor geboren, doch galt nach damaliger Sitte der Tag der Taufe als Geburtstag.

deck überhaupt kreierten. Natürlich hat Mme. Lenormand Karten gelegt – aber mit ganz normalen Spielkarten. Die so genannten Kleinen Lenormand-Karten mit der typischen Bilderstruktur (36 Karten mit einfachen, durchnummerierten Bildmotiven) entstanden erst nach ihrem Tod, sinnigerweise in Deutschland und nicht in Frankreich.

Symbol und Karte

Wichtiger ist, was wir auf den Karten sehen, von wem sie auch immer ersonnen wurden. Wir sehen einfache Alltagsmotive: einen *Ring*, einen *Blumenstrauß*, ein *Kreuz*, einen *Garten* u. v. m. Diese einfachen Alltagsmotive sind symbolisch deutbar. So verkörpert der *Ring* die ganze Bedeutungspalette von Dauer und Ewigkeit, von Verbindung bis hin zu permanenter Wiederholung, Festsitzen im Hamsterrad oder Offenheit und Durchgang. Auch andere Assoziationen sind denkbar. Symbole sind sinnhafte Verbindungen von etwas meist ganz Konkretem (Ring) mit etwas Abstraktem und meist sehr Komplexen (Ewigkeit, Verbindung), das derart viele Haupt- und Nebenaspekte hat, dass es kaum oder gar nicht möglich ist, diese alle in einer adäquaten Zeit wiederzugeben. In diesem einen Symbol kristallisiert sich die ganze Bedeutungs- und Assoziationspalette im Bruchteil einer Sekunde zu einem Bild.

Solchen Bildern können wir uns auf unterschiedliche Weise und in unterschiedlicher Intensität nähern. Entweder wir schauen sie uns kurz an, finden sie schön oder nicht und das war's. Oder wir schauen sie uns genauer an und horchen in uns hinein, was diese Bildsymbole in uns auslösen. Derart angeregt denken wir vielleicht etwas intensiver über die angesprochene aktuelle Situation oder Befindlichkeit mit dem Ziel nach, diese bzw. uns selber besser zu verstehen. Und wenn wir dann auch noch konkrete Handlungskonsequenzen aus diesem von einem einfachen Kartensymbol ausgelösten Reflexionsprozess ziehen – dann sind wir doch schon einen riesigen Schritt weiter. Die Auseinandersetzung mit den Symbolen auf den Lenormand-Karten (oder Tarot-Karten etc.) verhilft uns also zu persönlichem Fortschritt. Die Karten, besser die Motive darauf, wirken wie Katalysatoren – nicht mehr und nicht weniger. Sie lösen Gedankenprozesse aus, die ohne sie möglicherweise nicht oder erst viel später in Gang kommen würden. Die Karten sind, so *magisch* und *merkwürdig* ihr Wirken sich auch manchmal anfühlt, nichts weiter als ein hilfreiches Werkzeug. Die Arbeit damit liegt bei Ihnen. Die Karten nehmen Ihnen keine Entscheidungen ab! Aber sie können Ihnen helfen, Entscheidungen zu fällen, indem sie Sie nämlich anregen, den einen oder anderen Aspekt noch einmal zu überdenken und so das intensiv zu tun, was jeder Entscheidung vorausgehen sollte: die gründliche Abwägung des Für und Wider, die Erforschung dessen, was man das Gewissen nennt (will ich es wirklich oder will ich es nicht) und die Harmonisierung von Herz und Hirn (entscheide ich nur emotional oder nur rational). Am besten ist, mit dem Verstand zu entscheiden, was das Herz auch will und umgekehrt.

Da fällt es jemandem plötzlich wie Schuppen von den Augen: Eine Lenormand- oder andere Orakelkarte betrachtend, wird ihr/ihm plötzlich etwas bewusst. Vielleicht ahnte sie/er schon etwas. Irgendwie fand es aber nicht den Weg heraus aus dem Unbewussten und hinein ins Bewusstsein. Da steht sie/er dann plötzlich da mit einer ersten Erkenntnis, einem Stückchen roten Faden in der Hand, den es zu entwickeln gilt. Ein Anfang ist gemacht, dank der Anregung durch die Karte. Dann beginnt das, was gerne die *Arbeit an sich selbst* genannt wird, und die, wie im Apéro schon gesagt, sehr wohl viel Spaß machen kann.

Die Bedeutung eines Symbols, seine Wirk- und Aussagekraft, beruht auf *Tradition* und *Konvention*, aber auch auf der unwillkürlichen Spiegelung der *eigenen Sichtweisen* (bewusst oder unbewusst). Ein Symbol hat also immer eine *objektive* (konventionelle, traditionelle) Bedeutung, die wir in jedwedem Symbol-Lexikon nachschlagen können, und eine *subjektive*, sehr individuelle Facette. Beispiel: Wer jemals unter den geifernden Lefzen eines wild gewordenen Rottweilers liegend versucht hat, seinen Hals vor dem schnappenden Maul zu schützen, wird mit dem *Hund* neben den *objektiven* symbolischen Aspekten *Treue*, *Schutz* etc. immer auch den *subjektiven*, hier nun besonders negativen, Aspekt der *Bedrohung* verbinden, den jemand anderes überhaupt nicht darin sieht. Und dennoch wirken beide Facetten für diese Person und beeinflussen die konkrete situative Bedeutung dieses Symbols.

Welche Bedeutung ist die »richtige«?

Sie können ein und dieselbe Karte sehr unterschiedlich deuten. Symbole sind in ihrer Bedeutung vielschichtig und schillernd. Allerdings sind die Bedeutungen mitnichten beliebig. Ein Berg steht nun mal nicht für Liebe und eine Rose nicht für Hindernisse und/oder Gipfelerlebnisse. Symbole haben immer sowohl negative als auch positive Aspekte. Ihre konkrete Aussage für Sie hängt wesentlich davon ab, welche persönliche Bedeutung das Symbol für Sie hat, in welchem Zusammenhang es auftaucht und welche Assoziationen es in *Ihnen* wachruft! Vielleicht verwirrt Sie die Vielfalt der Denkanstöße zunächst.

Welche Deutung ist denn jetzt die *richtige*? Häufig die, die Ihnen zuerst, ganz spontan durch den Kopf geht. Endgültige Sicherheit gibt aber erst die aktive Auseinandersetzung mit dem angesprochenen Thema. Die Deutungen und Erfahrungen anderer, etwa in entsprechenden Deutungsbüchern, können weitere Anregungen und Hinweise geben. Vielleicht erkennen Sie dadurch neue Aspekte, die Ihnen zunächst nicht bewusst geworden sind. Dennoch: Nehmen Sie das dort Geschriebene nicht als Dogma, als gegeben und endgültig hin! Was zählt, ist, inwieweit die dortigen Anregungen Ihnen weiterhelfen. Haben Sie auch das Selbstbewusstsein, den eigenen Gedanken für wichtig zu halten. Nur weil der oder die berühmte XY das nun so beschrieben hat, muss das noch lange nicht für Sie zutreffen! Kritisches Hinterfragen und eigenständiges Denken bringen Sie allemal weiter als blindes Nachbeten. Auch das eigentlich ein urtypisch buddhistisches Anliegen: Nichts ungeprüft übernehmen, sondern aktiv analysieren, vergleichen und hinterfragen – das hat schon Buddha Siddharta Gautama im 5. Jahrhundert v. Chr. gefordert.

Zweck der Übung

Und wozu beschäftigen wir uns mit Symbolen und dergleichen? Bildsymbole eröffnen nach den Erkenntnissen der Psychoanalyse (Freud) und der analytischen Psychologie (Jung, Fromm) direkte Zugänge zu unserem Unbewussten. Symbole können dabei helfen, das Tun und Lassen, die Gefühle und Gedanken, sich selbst besser zu verstehen. Sie können ermitteln, wo Sie stehen und Sie können spielerisch erproben, wo es hingehen könnte. In und durch die Reflexion über sich selbst, ausgelöst durch den *Katalysator* Symbol, können Sie zu einem bewussteren Umgang mit sich und Ihrer Umwelt gelangen – mit einem Wort – *bewusster leben*.

Sie sind der einzige Mensch, mit dem Sie es ein Leben lang aushalten müssen, alle anderen sind zeitliche Begleiter. Und diesen lebenslangen »Partner« sollten Sie doch so gut wie möglich kennen und vor allem auch lieben lernen. »Liebe deinen Nächsten, wie dich selbst«, lautet die wunderbarste aller christlichen Basisaussagen. Sich und den Anderen annehmen und lieben zu lernen, ist für viele eine große Herausforderung.

Die Änderung der Welt beginnt bei Ihnen zu Hause. Um die Welt zu ändern, tunlichst sie zu *verbessern*, sollten Sie zunächst sich selbst ändern, tunlichst *verbessern*. Etwas, das uns Europäern durchaus nicht leicht fällt, da unsere Mentalität anders ist als etwa die der Inder, Chinesen oder Japaner. Ein Europäer, der friert, wird versuchen, seine Umgebung aufzuheizen, ein frierender Japaner aber wird versuchen, sich selbst aufzuwärmen. Eine fundamental andere Lebenseinstellung: Nicht die Umstände ändern, sondern die Art und Weise, wie man auf sie reagiert. Wichtig und hilfreich sind beide Ansichten.

Ein freundlich lächelnder Botschafter aus dem Morgenland reitet einen sich aufbäumenden Schimmel über alpine Kräuterwiesen – ist dieser Mann nun einem Wanderzirkus entwichen oder in wichtiger Mission unterwegs? In dieser speziellen Lenormand-Variante sicher letzteres. Mit dieser ersten Karte im Deck wird schon deutlich, dass in diesen Karten Orient und Okzident aufeinandertreffen und sich gegenseitig zu neuen Sichtweisen befruchten.

Im klassischen Lenormand-Deck steht der Reiter für eine Nachricht, die je nachdem in welchem Kartenumfeld sie liegt, eine gute ist oder eine schlechte. Die Symbolik des Reiters ist aber viel umfassender. Da schwingen Assoziationen an Postreiter, Cowboys, Kavallerie mit, aber auch Gedanken an edle Ritter und arrogante Gutsherren zu Pferde, nicht zu vergessen die modernen *Knight Rider* oder die rockbesungenen *Riders on the storm*. Und manchen Reiterboten traf völlig zu Unrecht die Wut des Empfängers der überbrachten Botschaft, insbesondere, wenn diese eine schlechte Neuigkeit brachte.

Nachrichten, Besuche

Ross und Reiter werden in der Traumdeutung und in der Psychologie als Symbol der Einheit von Körper und Geist, Leib und Seele, Trieb und Verstand etc. gesehen. Das Pferd verkörpert hierbei den animalischen, triebhaften Aspekt, der Reiter das *zügelnde* Bewusstsein. Es geht also bei diesem Motiv um die Beherrschung wilder Kraft, für *gezügelte*, sprich kultivierte Triebe, Energie, Kraft und Bewegung. Ja, auch um beherrschte Erotik. Das Reiten steht symbolisch für den Geschlechtsakt und der Reiter selbst für das Wunschobjekt der erotischen Träume: Der Märchenprinz, der auf einem weißen Pferd herbeigaloppiert, kommt, um die verzauberte Prinzessin aus ihrem ach so unglücklichen Schicksal zu erlösen. Von solchen Träumen lebt eine ganze Industrie: wöchentliche Romanheftchen à la *Frau mit Herz und Krone*, die Yellow-Press, die Beisserbücher auf den Tischen der Buchhändler, die so heißen (also die *Beisserbücher*, nicht die Buchhändler), weil sich auf jedem Umschlag dieser Bücher muskelbepackte Adonisse, mit nacktem oder spärlich fetzenbehangenem Oberkörper, lustvoll über den Hals einer schmachtend sich in ihre Arme schmiegenden Dame beugen – zum Kusse oder zum Bisse bereit. Und auch einschlägige Hollywood-Filme deklinieren dieses Thema in allen Varianten durch. Wirklich nur Männerphantasien? Wer hat denn da die Zügel in der Hand?

Reiters ritterlicher Rat

Sitzen Sie vielleicht auf zu hohem Ross? Sie sind am Zug, besser am Zügel: Benennen Sie Ross und Reiter, sagen Sie, was Sie wirklich wollen. Beherrschen Sie Ihre Energien – lassen Sie sie beizeiten laufen oder bremsen Sie sie, wenn es nötig erscheint. Ein Pferd bewegt sich (in der Regel) so, wie sein Reiter es will. Doch der muss halt wollen… Jetzt geht es um aktives Handeln, besonders, wenn tatsächlich eine Nachricht kommt. Denn eines will eine Nachricht immer: dass man sich *nach* ihr *richtet*, also agiert oder reagiert, zumindest jedoch Stellung bezieht! Eines sollten Sie beherzigen: Geben Sie nie die Zügel aus der Hand! Es ist Ihr Pferd, Ihre (Lebens-)Energie, und nur Sie können es lenken!

Bärtschi Bonmot

Mein Reiter kommt in Windeseile übers Neuland geritten. Er bringt Neuigkeiten. Er ist auch ein Bote aus göttlichen Sphären, er beschenkt dich mit plötzlichen Impulsen und blumiger Inspiration. Der Reiter bringt dir Nachricht aus der Ferne oder kündet auch einen Besuch an.

Es »schläft ein Lied in allen Dingen…« dichtete Joseph von Eichendorff[4] – in diesem Falle eine Ballade vom Glück, aufgeweckt und vorgetragen von einem Klee-Elf.

Klee ist eine ausdauernde Futter- und Heilpflanze. Aufgüsse der getrockneten Blüten wirken antiseptisch bei Verbrennungen und Wunden (äußerlich) oder bei Husten, Heiserkeit und Durchfall (innerlich). Der Tee gilt zudem als blutreinigend[5]. Dieser kleine Kerl hat also eine ganze Menge drauf respektive drin…

Wenn das dreiblättrige Kleeblatt, zwar durchweg positiv befrachtet, aber auch auf das Gewöhnliche, Normale verweist, so ist insbesondere das vierblättrige Kleeblatt, biologisch gesehen ein sehr seltener *Webfehler* der Natur, zum Glückssymbol schlechthin geworden. Wer ein solches findet, hat schon riesiges Glück gehabt und wo viel ist, kommt bekanntlich noch mehr hin… Die vier Blätter symbolisieren dabei Gesundheit, Wohlstand, Glück und wahre Liebe, das ganze Rundum-Sorglos-Paket.

 Hoffnung, Glück, Lebenskraft, Ausdauer

Ein fünfblättriges Kleeblatt, von dem in Symbol-Lexika zuweilen die Rede ist und welches als Hinweis auf eine glückliche Ehe verstanden wird, habe ich noch

* * * *

[4] Wünschelrute: Schläft ein Lied in allen Dingen, / Die da träumen fort und fort, / Und die Welt hebt an zu singen, / Triffst du nur das Zauberwort. [1835]
[5] Vermeulen, o. J., S. 294

18

nie im Leben gesehen – und Sie wahrscheinlich auch nicht. Da ahnt man, wie schwer es sein muss, eine Ehe glücklich zu gestalten. Von sechs- und noch vielblättrigeren Klee-Pflanzen sollten wir uns lieber fern halten – entweder ist kurz zuvor ein AKW explodiert oder es ist tatsächlich der Teufel im Spiel. Soviel Glück kann ja keiner aushalten.

Glück ist aber nur ein Faktor fürs Gelingen. Das Kleeblatt setzt sich aus mehreren Einzelblättern zusammen, will im übertragenen Sinne sagen, dass mehrere Faktoren zum Ergebnis, zum Erfolg oder zur Lösung eines Problems beitragen. Viele Wege führen nach Rom.

Klees kauziger Kick

Warten Sie nicht, bis das Glück von selbst an die Tür kommt. Wer sucht, der findet – auch den vierblättrigen Klee. Schauen Sie genau hin… Seien Sie offen (wenn Ihr persönliches Glück nämlich anklopft, sollten Sie nicht gerade unter der Dusche stehen) und empfangen Sie es frohen Herzens mit offenen Armen, wo immer und in welcher Gestalt es Ihnen auch begegnet – manchmal nimmt man es kaum wahr. Kalkulieren Sie immer auch ein paar Hindernisse und *Wolken* ein. Un–Glück gehört nun mal auch dazu – wenn's das nicht gäbe, woher wüssten Sie sonst, was Glück ist?

Bärtschi Bonmot

Sehr geehrter Herr Kreidolf [6], ich verstehe Sie, und auch ich sehe in den Blümlein die Gesichter der Elflein… und hab sie auch schon im Kindergarten so gezeichnet… Der Klee bringt Freude, er gilt als Heilpflanze und vermag Harmonie zu schenken. Das vierblättrige Kleeblatt kündet vom Glück und das Lied, welches er spielt, berichtet davon, wie man das Glück auch behalten kann.

❀ ❀ ❀ ❀

[6] gemeint ist hier der Schweizer Graphiker und Illustrator von Kinderbüchern Ernst Kreidolf (1863–1956), der z. B. zahlreiche Märchenbücher illustrierte, mit der Generationen von Schweizer Kindern aufgewachsen sind.

»Und das Schiff mit acht Segeln, und mit fünfzig Kanonen, wird entschwinden mit mir…« lässt Bertold Brecht seine Seeräuber-Jenny singen. Nun dieser Zweimaster hat acht Rahsegel, prachtvoll geschmückt mit allerlei Symbolen, und einen hoffnungsvoll grünen Klüver. Hat auch Sie die Sehnsucht gepackt – hinaus aufs weite Meer, hinweg über wogende Wellen, vorbei an hungrigen Haien (noch etwas Brecht: »Und der Haifisch, der hat Zähne…«), auf zu neuen Ufern? Mit solch einem Prachtboot lässt sich das doch gut an.

In der Symbolik steht das Schiff vor allem für das Reisen, den Übergang, die Lebensreise. Sehnsucht und Fern- und Heimweh, Freiheit und Wagemut sind Vokabeln, die fast immer mit einem Schiff in Verbindung gebracht werden. Sehnsucht wonach, Heimweh oder Fernweh wohin? Wagemut wozu? Wäre doch mal einen ausführlichen Gedanken wert, oder?

 ## Reisen, Lebensfahrt, Übergang, Erfolg durch Handel, Umgang mit dem Seelenleben

Ein Schiff fährt, logisch, übers Wasser (daher wünschen sich Segler auch immer gerne *eine Handbreit Wasser unterm Kiel*), damit's halt voran geht und man *nicht auf Grund läuft*. Letzteres bedeutet nämlich nicht immer, aber häufig, das vorzeitige Ende einer hoffnungsvollen Reise. Wasser wiederum symbolisiert (nicht nur hier, sondern überhaupt) die Welt der Seele, der Emotionen, das Unbewusste. Den Ozean kann man zudem als Lebenssymbol sehen, die Wellen als Muster des Lebens, die es zu bewältigen gilt. Ein Schiff ist ein Gefährt (bewusst gesteuert,

20

navigiert, als Transportvehikel auch nutzenorientiert) des Bewusstseins, das über die Wellenberge und -täler der Gefühle und des Seelenlebens trägt. Und dabei kann es manchmal turbulent zugehen (Vorsicht: nicht über Bord gehen: Haie! s.o.). Fische im Wasser, zumal wenn sie sichtbar werden, stehen für Botschaften des Unbewussten. Seeungeheuer, und, mit Verlaub, bei aller Ehrfurcht vor vom Aussterben bedrohten Tieren, dazu zähle ich auch Haie, stehen dabei eher für unangenehme Botschaften.

Die Rahsegel an beiden Masten sind prall gebläht (Aktion!) und zeigen die Gegenpole des Lebens: das männliche Prinzip in der Triskale links unten, das weibliche rechts unten in der Viererspirale, die männliche Sonne, der weibliche Mond und die Sterne in der Mitte (dazu auch Tag und Nacht), Herz und Blume als Zeichen von Liebe und Hingabe darüber, die Spirale der Wiedergeburt und das Ring-Symbol als Zeichen der Ewigkeit ganz oben rechts. Damit und dazwischen hindurch gilt es also seinen Weg zu finden, seinen Kurs zu halten und dann – hoffentlich – dort anzukommen, wo man hin wollte.

Seglers süffisante Sentenz

Auf zu neuen Ufern – Ziel bekannt? Kurs bekannt? Meere können sehr weit sein und haben kaum Wegweiser. Besorgen Sie sich also ein paar gute Seekarten und nutzen Sie Ihren eingebauten Sextanten: die Intuition. Halten Sie Ihren Kahn auf Kurs, was auch entgegenkommt, ob bei Flaute oder Sturm. Folgen Sie der süßen Nase der Galions-Nixe…

Bärtschi Bonmot

Das Schiff durchquert den Ozean, es deutet eine Reise, Handel und Reichtum an. Auch wir selber sind wie das Schiff, welches die Wellen des irdischen Daseins mit immer neuem Mut und Kraft durchsegeln müssen. Für mich steht das Schiff für die äußere wie auch für die innere Reise.

4 Haus

Während auf den klassischen Lenormand-Karten zumeist hochherrschaftliche Villen oder gar Paläste dargestellt sind, haben wir hier ein verspieltes *Kinderhaus*: Toll – ganz schön schrill diese Villa Kunterbunt. Pippilotta Langstrumpfs Domizil kommt dagegen fast wie ein schäbig-graues 50er Jahre Siedlerhäuschen daher.

Prächtig herausgeputzt mit Fähnchen-Girlanden ist das Haus, wie für eine große, lustige Sommerparty – es fehlen nur noch die Gäste. Fenster und Türen stehen weit auf – herein, herein und herzlich willkommen. Ein Hund, noch spielt er, beschützt Haus und Garten auf der Erde, vor himmlischen Bedrohungen (Blitz und Feuer) schützt der Storch auf dem Kamin und kündet mit seiner Anwesenheit zugleich vom häuslichen Frieden, der dorten herrscht (denn wo's kracht im Gebälk, da möchte auch kein Storch nisten). Dass er zugleich denen, auf dessen Dach er brütet, ein langes Leben und Reichtum beschert, ist ein sicher willkommener (abergläubischer) Nebeneffekt.

Das Heim, Erfolg und Wohlstand, Geborgenheit

Ein Haus gibt dem menschlichen Leben eine Mitte, eine Heimat. Es steht für Geborgenheit, Schutz, Heimstatt und Zuflucht. *My home is my castle*. Es braucht aber eine Menge persönlichen und finanziellen Einsatzes, um so ein Haus aufbauen zu können – im realen, bautechnischen Sinne (wer schon mal ein Haus neu gebaut oder auch nur ein altes umgebaut hat, wird ein Lied davon singen können…), sondern auch im übertragenen Sinne. Das Haus symbolisiert nämlich auch (in der psychoanalytischen Traumdeutung) den Menschen an sich, sein äußeres und inneres Erscheinungsbild. Anders gesagt, in uns selbst müssen wir ebenso viel investieren, wie in ein Haus und wenn wir meinen, fertig zu sein, dann haben wir falsch gedacht – es gibt immer etwa zu renovieren, umzubauen, anzubauen oder auch *nur* zu (be)reinigen.

Und noch eine Anregung für alle, die *castle* zu wörtlich nehmen: Ein Haus lebt nur, wenn es bewohnt wird. Wer sich hinter hochgezogener Zugbrücke, verrammelten Fensterläden und dreimal abgeschlossenen, kettenverhängten Portalen verschanzt, wird wohl kaum noch Besuch bekommen. Natürlich geht mal eine Vase zu Bruch, wenn Kinder oder Freunde durchs Haus toben – so what? – Scherben bringen Glück und Gäste bringen Freude.

Heim-licher Hinweis

Arbeiten Sie an Ihrem *corpus delicti* ebenso wie an Ihrer Seele – immer wieder, immer öfter, immerzu. Streben Sie danach, beides in gutem Zustand zu halten. Entdecken Sie die vielen Winkel und Mansardenzimmerchen, steigen Sie auf alle Türmchen und schauen Sie aus allen Erkerfenstern einmal hinaus. Machen Sie aus sich selbst Ihr Traumhaus. Und wenn's mal zu bunt wird – seien Sie doch schlau: besser bunt als grau!

Bärtschi Bonmot

Mein Haus ist kein Herrschaftshaus. Nein, sondern die Villa Kunterbunt. Darin wird gespielt und gelebt, sie schenkt dir Geborgenheit und Freude, der Garten ist wild und lebendig, Tiere spielen darin und auf dem Kamin nistet ein Storch. In und um mein Haus hat es Platz für alle. Es ist ein offenes Haus.

Sie erleben gerade einen im doppelten Wortsinne erleuchtenden Moment. Am Fuße des Bodhi-Baums (*Ficus religiosa*) mit seinen typischen herzförmigen Blättern, dem Symbol für Vollkommenheit, Besinnung und Meditation, sitzt Buddha – *die Wonne seiner Befreiung genießend*. Gerade erfährt er die Erleuchtung, die ihn vom Prinzen Siddharta Gautama zum Buddha macht. Seine rechte Hand hält er in der Erdberührungsgeste (*bhumisparsha*), während seine linke Hand die Jnana-Mudra ausführt, eine rituelle buddhistische Fingergeste, die Kreislauf, Nervensystem und Gehirn stimuliert – und damit Schlüsselfunktionen des Körpers und des Geistes.

Er hat erkannt, dass es der *Mittlere Weg* ist, der sehend macht – nicht die Extreme, weder die Hingabe an Lust und Vergnügen noch die Hingabe an völlige Askese und Selbstquälerei. Und er hat den *Achtfachen Pfad* gesehen, der zur Aufhebung allen Leidens führt: die rechte (richtige, passende) Anschauung, die rechte Absicht, die rechte Rede, das rechte Handeln, der rechte Lebensunterhalt, das rechte Lernen, die rechte Achtsamkeit und die rechte Meditation.

Gesundheit, Wachstum, dauerhaftes Glück, »Alles mit Maßen«, das Leben

Ein Baum voller Leben – Leben bewahren, Leben erzeugen, Leben genießen, wachsen und gedeihen. Vögel suchen singend Schutz im Blätterdach, Affen (Symbole der Intelligenz der Instinkte und Triebe) arbeiten fleißig kopulierend am Fortbestand ihrer Art. Eichhörnchen springen spielend von Ast zu Ast des

Buddha-Baums, so wie sie auch den germanischen Lebensbaum Yggdrasil hinauf und hinunter fegten (Symbole der Feuerkraft mit ihren ambivalenten Aspekten von fruchtbarer Erneuerung bis Zerstörung, außerdem Symbole der Vorsorge und des Geizes).

Im Pfau vereinen sich abendländische, islamische und hinduistisch-buddhistische Symbolaspekte: die Augen der griechischen Mythengestalt Argos, von der Göttin Juno auf die Schwanzfedern ihres Lieblingsvogels appliziert (*etwas mit Argusaugen betrachten, also genau prüfen*) – der Paradiesvogel, der zusammen mit Eva und Adam aus dem Paradies vertrieben wurde und seither so kläglich schreit, später auch zum Symbol der Eitelkeit mutiert.

Als Symbol zeigt der Baum den Menschen selbst, als einen Bürger zweier Welten, mit den Füßen auf der Erde und mit dem Kopf im Himmel. Es geht um die Verbindung beider Welten, um eine wie mit Jahresringen wachsende Lebenserfahrung. Die bewusste Wahrnehmung der eigenen Existenz führt zu weiterer Verwurzelung in immer größere Tiefen und zu weiterer Entfaltung in ungeahnte Höhen. Der Schmetterling als Symbol der Seele und der Metamorphose – die Entwicklung und Umwandlung von der Raupe zum schillernden Luftwesen.

Buddhas befreiende Botschaft

Es ist an der Zeit, sich auf die elementaren Dinge des Lebens zu besinnen – darüber zu meditieren und sich zu erinnern, was das rechte Maß ist. Überanstrengen Sie weder Ihren Körper noch Ihren Geist. Gut Ding will Weile haben. Den Weg zum Heil kann jeder für sich finden.

Bärtschi Bonmot

Ich wählte den Bodhi-Baum, seine Wurzeln gründen nicht nur fest in der Erde, sondern er hat auch Luftwurzeln, die vom Himmel her der Erde entgegen wachsen. Er steht für die zutiefst innerste Kraft in uns, welche in Buddhas Erleuchtung zum Ausdruck kommt. In seiner Krone spielt sich das Leben ab, voll und ganz, er breitet sich stark in alle Richtungen aus. Und Ruhe dröhnt aus ihm...

Grau in Grau mit Wolken verhangen ist der Himmel nur vorübergehend – und das auch zu Recht: Ohne Regen kein Leben, ohne Ungemach keine Freude. Beides gehört zusammen wie die beiden Seiten einer Medaille. Und auch die Wolken selbst haben zwei Seiten. Sind Sie schon einmal über den Wolken geflogen? Was von unten grau und regenschwanger-dunkel aussieht, ist von oben gesehen ein schneeweißer, watteweicher Flauschteppich, von strahlender Sonne beschienen (zumindest tagsüber) – berauschend schön. Im Fachjargon der Meteorologen heißen die Wolken, die wir umgangssprachlich Regen- oder Gewitterwolken nennen, *Kumulus* bzw. *Kumulonimbus*. In diesen Wolken kumuliert also etwas, es braut sich was zusammen, dessen Ausgang (Blitzeinschlag, Starkregen etc.) wir noch nicht abschätzen können. Daher einerseits der Beiklang des Bedrohlichen, der Schwierigkeiten, andererseits spenden diese Wolken Regen, Wasser, ohne das alles Lebendige nicht existieren kann. Über den Wolken scheint aber immer die Sonne, selbst wenn wir sie nicht sehen! Ob wir also die Sonne wahrnehmen oder nicht: Sie ist einfach immer da – ist doch tröstlich auch in dunkelsten Stunden, oder?

 ## Unklarheiten, Schwierigkeiten

In der Symbolik stehen Wolken für Verhüllung – sie verbergen das, was dahinter ist. Sie behindern die freie Sicht. Und alles, was wir nicht *sehen* können, macht uns zunächst einmal Angst (vor allem wenn wir *wissen*, dass dahinter etwas ist, aber nicht wissen was). Daher symbolisieren Wolken auch das Unklare, mögliche Schwierigkeiten und Hindernisse. Wolken stehen in direktem Zusammenhang mit Bergen (siehe dort). Nicht nur, weil in der Natur das in der Luft gelöste Wasser an Bergen aufsteigend zu Wolken kondensiert und damit Berge sehr häufig umwölkt sind, sondern weil Berge ebenfalls als Symbol für (irdische) Hindernisse und zugleich, wie die Wolken, als Wohnstatt der Götter gelten.

Ein zweiter Aspekt kommt hinzu, der der Wandlung. So schnell wie Wolken entstehen, lösen sie sich auch wieder in Nichts auf. Wo eben noch weiße Schäfchenwolken über den Himmel zogen, ist plötzlich nur noch endlose Bläue. In China sah man Wolken daher auch als Produkt der Vereinigung der Urprinzipien Yin und Yang, als Symbol für das Aufgehen des menschlichen Geistes im Nirvana.

Hier ist ein die Berge überspannender Regenbogen eingefügt, den es in anderen Lenormand-Varianten nicht gibt. Der Regenbogen ist ein Bindeglied zwischen Himmel und Erde. Nach dem Alten Testament setzte Gott am Ende der Sintflut einen Regenbogen an den Himmel, um seinen Bund mit den Menschen zu dokumentieren. Somit symbolisiert er auch die Hoffnung auf eine bessere Welt. *»Nach den Regen folgt Sonnenschein.«*

Wolkes wohlmeinender Wink:

»Eure Rede sei Ja! Ja! oder Nein! Nein!« heißt es in der Bergpredigt (Mt 5,37). Damit sind Klarheit und Wahrheit gemeint, nicht Geschwätz oder verbales Verhüllen. Und wenn ein Unwetter (im übertragenen Sinne) auftritt – sehen Sie es als Chance. Durch jede Prüfung kann man lernen. Mit dem Glück ist es wie mit der Sonne – immer da, nur von Zeit zu Zeit schiebt sich eine Wolke dazwischen.

Bärtschi Bonmot

Hinter düsteren Wolken leuchtet ein Regenbogen und schlägt die Brücke vom Dunkel ins Licht. Die tiefe Besinnung in dunklen Zeiten auf den Regenbogen, dessen Farben Symbol der Vielfalt an Möglichkeiten sind, lässt uns vom düsteren Zustand des Entweder-Oder loskommen hin zu lichtvolleren Gefilden des Sowohl-Als auch.

Ach ja, die Schlange, ein im wahrsten Sinne des Wortes weltumspannendes Symbol von äußerst ambivalenter Bedeutung. Sie steht für den physischen Tod, für *Vergiftung* und Gefahr (daher die klassische Deutung als Zeichen für Verrat und Unheil), wird aber auch mit Heilung in Verbindung gebracht (Äskulapstab, Caduceus) – es kommt halt auf die Dosis an. Was in größerer Dosis tötet, kann in homöopathischer Dosis Leben retten.

Andererseits steht sie aber auch für Wiedergeburt, Erneuerung, für den unendlichen Kreislauf des Lebens. Die Schlange ist ein Tier der Wandlung. Wird ihr ihre Haut zu eng, dann *fährt sie aus der Haut*, befreit sich von ihrer *einengenden Situation* und erneuert sich so regelmäßig.

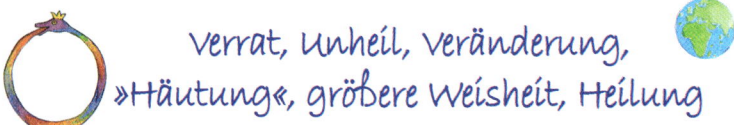

Verrat, Unheil, Veränderung, »Häutung«, größere Weisheit, Heilung

Die Schlange auf dieser Karte ist nun nicht, wie in anderen Lenormand-Varianten, ein sich windendes Erdreptil, sondern eine weltumspannende, gekrönte Regenbogenschlange. Darin spiegelt sich die Kundalini-Schlange wieder, die im Wurzel-Chakra ruhende Kraft der Triebe und Wünsche, die Urkraft und Abgrund in sich vereinigen. Wenn diese Kraft erwacht, bringt sie auf dem Weg zum Scheitel-Chakra Licht ins Dunkel. Durch die Auseinandersetzung mit dem eigenen Schatten richtet sie sich in neuem Kleide auf. In Indien gibt es ein schönes Bild für das Erwachen des Wissens: Wenn die Sonne aufgeht (Weisheit) erkennt man in der bei Dunkelheit gefürchteten Schlange (Illusion) das Seil (die Wahrheit). Auch die indische Ananta-Schlange spielt hier herein, ein Symbol des kosmischen Kreislaufs der Kräfte und der Ewigkeit. Zugleich sehen wir den Uroboros, die sich in den eigenen Schwanz beißende Schlange, welche die Welt umwindet und schützt und zugleich ein Symbol der ewigen, zyklischen Wiederkehr, der Unendlichkeit ist und, in der Alchemie, ein Sinnbild für die sich wandelnde Materie. Andernorts (etwa in Sumer) galt die Schlange in Gestalt der Urmutter Tiamat als Schöpferin der Welt und verkörpert damit das weibliche Prinzip.

In der Symbolik vieler Kulturen sieht man den Regenbogen als Schlange, die ihren Durst im Meer stillt. In anderen Kulten wird bzw. wurde die Schlange als göttlich verehrt und zum Zeichen der Weisheit, Unsterblichkeit und Mystik. Zum Stigma des Bösen wurde die Schlange in der jüdisch-christlichen Kultur durch die Inkarnation des Teufels als Schlange und dessen Versuchung Evas. Eine Geschichte, die dann zur Vertreibung der Menschen aus dem Paradies führte und uns alle (aus christlicher Sicht) für alle Zeit mit der *Erbschuld* belastet hat. Und schließlich ist die Schlange auch noch ein Phallus-Symbol – warum wohl… (siehe auch 11 *Rute*).

Schlanges schlängelnder Slogan

Betrachten Sie die Schlange als Signal für eine Häutung: Streifen Sie ab, was Sie belastet, und versuchen Sie neu und unbelastet an eine Sache heranzugehen. In einer Welt, die sich ständig wandelt, muss man sich selbst (leider) auch immer wieder neu erfinden. Achten und nutzen Sie die Energien, die An-Triebe in sich – Sie brauchen sie zur Lösung dessen, was kommt.

Bärtschi Bonmot

Meine Regenbogenschlange, welche in sich männlich und weiblich vereint, umkreist die Erde wie ein Uroboros. Symbol der Unendlichkeit, der Wiederkehr, der Vereinigung der Gegensätze. Dem Ende folgt der Anfang. Ein in sich abgeschlossener und dennoch ständiger Wandlungsprozess der Materie.

Aus, vorbei, finit– wer beim Ziehen dieser Karte daran denkt, sich nun doch lieber schon einmal ein trendiges Erdmöbel in Mooreiche oder Mahagoni zuzulegen, dürfte eine Fehlinvestition begehen: Auf den physischen Tod des Ziehenden oder einer anderen Person verweist diese Karte kaum, außer in dem allgemeinen Sinn, dass jedes Leben den Tod einschließt. Doch wenn der *Sarg* ein *Memento Mori* wachruft, hat die Karte eine wesentliche Funktion bereits erfüllt. »Mitten im Leben sind wir vom Tode umfangen«, sagt uns ein mittelalterliches Kirchenlied. Und Martin Luther kehrte diesen Satz auch einmal um: »*Mitten in dem Tode sind wir vom Leben umfangen*«. Da steckt nicht nur ein christliches Heilsversprechen darin, sondern auch die Idee einer immer wiederkehrenden Transformation, einer Wiedergeburt. In der christlichen Vorstellung ist es die unsterbliche Seele, die im Himmel ihr neues Zuhause findet, im Buddhismus ist es der Kreislauf der Reinkarnationen bis zum letzten Ziel, dem Nirvana, der Aufhebung der Wiedergeburten.

 Ende, zu Ende gehen, beenden, »Tod«, Transformation, Entsorgung

Der Sarg ist ein hierzulande übliches *Entsorgungsmittel* für die stofflichen Überreste eines Menschen nach seinem Tod. Im übertragenen Sinne geht es also um das Beseitigen von etwas, um das Begraben – entweder im *aktiven* Sinn des bewussten Beendens und Wegschaffens (*das Kriegsbeil begraben* oder Hoffnungen, eine bestimmte Gewohnheit ablegen, sich von unangenehmen Begleitern trennen usw.) oder im *passiven* Sinne des Zuendegehens (ein schlechte oder schöne Phase geht zu Ende, ein Problem löst sich usw.). Es geht auch um Aufgaben, die erledigt, Altlasten, die endlich abgewickelt werden sollten. Womöglich fühlen Sie sich auch selbst *lebendig begraben* sprich absolut unwohl in Ihrer derzeitigen Lebenssituation, perspektivlos, lustlos, *unlebendig*. Dann suchen Sie nach Wegen oder Helfern, die Ihnen aus dieser Kiste heraushelfen.

Die Kränze – Todeskranz und Siegerkranz zugleich – hängen eng mit der Ring-Symbolik zusammen (siehe dort) und sind natürlich Zeichen der Trauer, aber auch der Freude. Auffällig gegenüber Sarg-Darstellungen in anderen Lenormand-Varianten ist die friedvolle Heiterkeit dieses Motivs. Keine Düsternis, keine einsame Kälte, sondern warme Geborgenheit.

Erdmöbels erhebende Ermunterung

»Alles hat ein Ende…« Machen Sie Schluss mit Dingen, die nur noch belasten. Entsorgen Sie, was Sie seit ewigen Zeiten nutzlos mit sich herumschleppen. Schieben Sie die Dinge nicht vor sich her, erledigen Sie sie jetzt. Genießen Sie vor allem jeden Tag, den Sie erleben, als sei es Ihr letzter oder erster! Lassen Sie sich nicht von der Angst vor dem Ende vernebeln – der Tod ist nur die Grenzlinie, die das Leben in seiner ganzen Fülle sichtbar macht. Wer weiß, was danach kommt. Bleiben Sie neugierig und gespannt…

Bärtschi Bonmot

Das einzige, was Bestand hat, ist die Veränderung. Alles Lebendige drängt nach Erneuerung! Im Verlust, in der Trauer und im Schmerz gründet tief das Urlicht, Wegweiser zu neuen Welten! Die beiden Kränze symbolisieren das Ewige, ständig neu Entstehende und Vergehende. Können wir diese Pole harmonisch verbinden, die Trauer und das Licht, begegnen wir dem Leben und dem Tod achtungsvoller.

9 Blumenstrauß

Judith Bärtschi verbindet hier zwei Bedeutungen des Wortes *Strauß* zu einem bunten Bildmotiv. Der *Vogel Strauß*, um mit dem *Unterbau* des *Blumen-Strauß* zu beginnen, hat naturgemäß in Afrika, wo dieser größte Laufvogel beheimatet ist, einen gewissen symbolischen Gehalt. Seine Federn symbolisieren Wahrheit und Gerechtigkeit. Als Kopfschmuck sieht man sie in dieser Bedeutung auf den Köpfen alter ägyptischer Gottheiten. Straußenfedern sind etwa Attribute der ägyptischen Göttinnen *Maat* (Göttin der Weltordnung, Wahrheit und Gerechtigkeit) und *Schu* (Göttin der Luft und des Raums). Für das Volk der Dogon symbolisiert der Strauß das Licht und das Wasser.

Glück, Zufriedenheit

In Europa ist der Strauß seit der Römerzeit bekannt, hat aber keine sonderliche symbolische Bedeutung. Bestenfalls als Vogel-Strauß-Politik (den Kopf in den Sand stecken und Probleme nicht sehen wollen) hat der Strauß Eingang in unseren Sprachschatz gefunden. Das Straußenei galt als Symbol Christi, da man dachte, der Strauß ließe seine Eier von der Sonne ausbrüten (Gott, der Christus erweckt). Nach dem Physiologus[7] brütet der Strauß aber seine Eier aus, indem er

❋ ❋ ❋ ❋

[7] Der Physiologus ist eine um 200 n. Chr. erschienene Naturkunde. »Ein Schlüsselwerk zur Tiersymbolik und in seiner Wirkung auf die bildende Kunst vieler Jahrhunderte nur mit der Bibel zu vergleichen« [zitiert nach Otto Seel, Der Physiologus. Düsseldorf (Patmos) 2003].

unentwegt darauf starrt. So wurde es zu einem Symbol der Meditation. Ansonsten erfreuten sich Straußenfedern an Damenhüten großer Beliebtheit und dienten zu einem Federstrauß zusammengebunden als Staubwedel oder als Kopfschmuck für die Pferde vor Hochzeits- oder Begräbniskutschen.

Der Blumenstrauß gilt als Symbol der Einheit in der Vielheit, weil er verschiedene Blumenarten und -farben zusammenbringt. Ebenso ist er ein Sinnbild für Freundschaft und Liebe, allgemeiner für emotionale Anteilnahme. Einen Blumenstrauß bringt man als Gastgeschenk, als Ausdruck der Zuneigung, der Ehrbezeugung oder der Trauer und des Mitleids mit – manchmal auch zur Beruhigung des eigenen schlechten Gewissens dem Partner oder der Partnerin gegenüber (Vorsicht: fällt meist sofort negativ auf, wenn man nicht schon vorher aus erstgenannten Gründen mal einen „Riechbesen" (norddeutscher Fachbegriff dafür) mitgebracht hat. Da kann die/der Beschenkte das schlechte Gewissen geradezu aus den Blumen heraus riechen). So schnell (Schnitt-) Blumen auch vergehen, sie wachsen doch wieder nach und somit stehen Blumen symbolisch für die Vergänglichkeit, aber auch für die Schönheit und Ewigkeit des Augenblicks.

Blümchens blumige Bemerkung

Nehmen Sie das Leben wie es kommt! Genießen Sie die Schönheit des Augenblicks – er könnte schneller vorbei sein, als Ihnen lieb ist. Erkennen Sie die vielen Möglichkeiten des Moments und fügen Sie sie mit Ihrer individuellen Energie zu einem harmonischen Ganzen zusammen. Es gibt immer mehrere Wege, ans Ziel zu gelangen.

Bärtschi Bonmot

Mein kleiner Strauß hat mit Blumen viel am Hut. Er mag die Vielfalt und Wildheit der Berg- und Wiesenpflanzen, welche unmittelbar die Freude und Lust am Blühen wiedergeben. Durch seine Heiterkeit zieht er auch Bienchen an, die, betört von so vielen Düften, den Nektar und die Essenz des Blumenstraußes hinaus in die Welt tragen.

Eine ordentlich aufgestellte Getreidegarbe unter gülden strahlender Sonne, daran gehängt das Werkzeug, mit dem diese Halme geschnitten und dann zur Garbe gebunden wurde, eine Handsichel – ein Landwirtschaftsidyll aus längst vergangenen Tagen! So etwas sieht man heute allenfalls noch in entlegenen Bergdörfern. Heute ist dieses uralte Ernteinstrument durch monströse und für den einfachen Landwirt kaum bezahlbare Mähdrescher ersetzt, in deren vollklimatisierten Steuerkabinen der »Erntefachwirt« sein Brot nicht mehr im Schweiße seines Angesichts verdient, sondern wohltemperiert bei Madonna-Musik und Funkverbindung zur Zentrale. Ein Feld, für das früher zehn Leute zwei Tage brauchten, ist heute innerhalb von Stunden abgeerntet. Wir leben im Zeitalter der scheinbar unbegrenzten Beschleunigung – alles wird schneller. Wir selber auch?

Einschneidende Veränderung, Bruch, Ernte

Vielleicht ist es an der Zeit, diesem Tempostrudel zu entsteigen und wieder auf ein menschliches Normalmaß zurückzufinden? Manche tun es: Slow-food-Anhänger beispielsweise, die das Erntegut in seiner puren Naturreinheit zu schätzen und zuzubereiten wissen, ohne es vorher allerlei industriellen Denaturierungsprozessen[8] ausgesetzt zu haben. Und dieser Denkansatz lässt sich auf Vieles übertragen.

❀ ❀ ❀

[8] Lebensmitteltechnische Bearbeitungen der natürlichen Rohprodukte wie z. B. chemische Auflösung in Einzelbestandteile und deren Neukombination, Gefriertrocknung, Bearbeitung mit künstlichen Aromen, Geschmacksverstärkern und dergleichen mehr.

Aber auch einen anderen Aspekt versinnbildlicht die Sense. *Jetzt ist aber Sense!* besagt eine alte Redewendung und meint, jetzt ist Schluss. »Cut! Gestorben!« sagt ein Regisseur, wenn nach der xundzwanzigsten Wiederholung der Filmkuss endlich echt aussieht, die Szene im Kasten ist und so gespielt wurde, wie er es sich vorgestellt hatte. Was sich also zunächst eher unangenehm und gruselig anhört, hat in Wirklichkeit eine positive Botschaft: Endlich fertig! Die Arbeit ist erledigt – Feierabend oder ein weiterer *Take*[9].

Tatsächlich steckt in der Sense oder ihrem Vorläufer, der Sichel, auch die Symbolik des Todes. Der Schnitter oder Sensemann schneidet mit seinem Lieblingswerkzeug den Lebensfaden durch und beendet so das irdische Dasein. Die Sense bzw. Sichel selbst symbolisiert dabei die unerbittlich ablaufenden Lebensperioden. Taucht die Sense bzw. Sichel auf, dann ändert sich etwas, im wortwörtlichen Sinne *einschneidend*. Geschnitten, sprich verändert, wird aber erst, wenn etwas reif dafür ist – dafür haben wir ja schließlich gearbeitet. Die meisten Menschen habe Angst vor Veränderungen. Das *Vorher* ist bekannt, das *Danach* nicht – sie sind verunsichert, zumal man auf manche Veränderungen selbst kaum Einfluss hat, man muss sie einfach erdulden bzw. lernen damit umzugehen. Daher sollte man bei Zeiten herausfinden, was man im Leben wirklich will, was man irgendwann ernten will.

Sichels sachdienliche Sichtweise

Halten Sie die Augen auf, achten Sie auf Chancen wie auf Gefahren. Betrachten Sie eine Krise als Chance, als Element persönlicher Reifung. Veränderungen stehen an – besser ist es, diese mitzugestalten, als sie nur zu ertragen. Vielleicht sind Sie auch gar nicht *Opfer*, sondern *Täter*? Oder sind Sie selbst derjenige, der einschneidende Veränderungen umsetzt, um das zu ernten, was er gesät hat?!

Bärtschi Bonmot

Meine Sense sieht aus wie der zunehmende Silbermond. Geerntet wird, was unter der goldenen Sonne gereift ist. Wir trennen sorgfältig den Weizen von der Spreu. Was uns dient und kostbar ist, tragen wir nach Hause.

❀ ❀ ❀ ❀
[9] *Take* nennt man in der Filmsprache die Aufzeichnung des Teils einer Filmszene.

11 Rute

Die Rute ist seit jeher mit strafenden Aspekten verbunden. Knecht Ruprecht mit der Rute ängstigt heute allenfalls noch Kinder unter 4 Jahren. Kinder über 4 Jahren haben sich längst im Internet schlau gemacht, dass es diesen rußgeschwärzten Herrn in Wirklichkeit gar nicht gibt, sondern bloß eine Pädagogen-Phantasie ist.

Apropos Pädagogen-Phantasie. Die herzig bustierte Stiefeldame schwingt gleich zwiefach das Bestrafungswerkzeug. In ihrem Arbeitsalltag hat diese Domina durchaus pädagogische Funktionen, bringt sie doch denen, die sich nichts mehr wünschen, die Flötentöne bei, und unterweist sie in *Demut* und

Hingabe. So gesehen ist die angedrohte oder angewandte Strafe mit Reisigrute oder 5-schwänziger Katze ein labender Genuss und eine erlösende bis weiterführende Erfahrung. Das, was eine Domina praktiziert, ist im Prinzip ja nichts anderes als Theater, alles ist *gespielt*, nichts ist echt. Der Freier zahlt für eine Illusion. Hier kommen also auch Themen wie Verzauberung auf der einen und Entfremdung auf der anderen Seite zum Tragen.

Veränderung, Verzauberung, Streit, Kampf

A thing is a phallic symbol if it's longer than it's wide. Das Wort Rute geht auf das althochdeutsche *ruota* zurück, was soviel wie *Schandpfahl, Kreuz* bedeutete und sich zum Mittelhochdeutschen *ruote* wandelte (zu Ursachen und Auswirkungen fragen Sie bitte Ihren Linguisten oder Sprachhistoriker), was soviel wie *Gerte, Zuchtrute, Ruder, Stange* und – *Zauberstab* bedeutete. Von Stange und Zauberstab war es auch im Spätmittelalter nicht weit zum männlichen Geschlechtsteil, mit dem auch die Ahnen offenbar zauberhaft umzugehen wussten. Womit wir schon wieder bei Thema wären, s. o.

Es geht also bei der *Rute* um Triebe, Antrieb (Ruder, Gerte etc.), Vorwärtsdrängen, Sich-Vorwagen (womöglich in Unbekanntes oder Verbotenes…), um Veränderung also und Tat. Wille und Durchsetzungskraft setzen wir bei der professionellen Dame einmal voraus – sollten aber bei Ihnen auch vorhanden sein!

Auf der anderen Seite regt die Karte aber auch dazu an, eigenes Dominanzgehabe zu hinterfragen und abzulegen. Solches Gehabe resultiert ja häufig aus eigenen Ängsten – erstmal draufhauen, damit keiner merkt, dass ich eigentlich (selbst) Angst habe. Eigene Ängste und Minderwertigkeitsgefühle können Sie durch aktive Auseinandersetzung damit aufheben. Wir lernen besonders durch Krisen. Eine durchstandene Krise macht uns selbstbewusst und stark, vielleicht sogar liebevoller im Umgang mit sich und anderen. Diese Karte verweist auf neue Chance für Lust (am Leben) und Wildheit (der Gefühle).

Dominas dringende Direktive

Achten Sie auf Ihre Triebe – lassen Sie, pardon, mal wieder die Sau raus, damit allzu lange Aufgestautes sich nicht verhärtet. Oder wenden Sie die Zuchtrute bei sich selbst an – ziehen Sie die Zügel etwas strammer. Nutzen Sie Aggressionen und wandeln Sie diese in kreative Energie um. Klären Sie strittige Punkte in Job oder Partnerschaft und sagen Sie klar, was Sie wollen. Den nötigen Drive dazu haben Sie jetzt!

Bärtschi Bonmot

Zwist und Streit schlagen zu. Indem das Leben dich manchmal geißelt, erweist es dir vielleicht einen Liebesdienst?

Eulen, Tauben und sonstige Feder-
träger kennen Sie von anderen Lenormand-Varianten. Doch *Wiedehopfe?*
Einzig in der Redewendung »jemand
stinkt wie ein Wiedehopf« scheinen
diese Vögel überlebt zu haben – in der
freien Natur Mitteleuropas ist *Upupa
epops*, der drosselgroße Höhlenbrüter
mit der typischen Federhaube auf den
Kopf, nämlich nahezu verschwunden.
Dass er in Deutschland 1976 Vogel des
Jahres war, hat ihm da auch nicht viel
geholfen.

In dem Epos *Mantiq ut-tair* (Die
Vogelgespräche) des Sufi-Mystikers
und klassischen persischen Dichters
Fariduddin Attar[10] ist der Wiedehopf
der Anführer der reisenden Vögel auf dem Weg zur heiligen Stadt und zum König. Auf diese Reise verweist das Bildmotiv. Der Wiedehopf spielt im Koran eine
wichtige Rolle. Laut Sure 27 bringt er dem Propheten Salomo, der die Sprache der
Tiere versteht, die Nachricht von der wunderschönen Königin von Saba, die ihm
einige Rätselfragen stellt. Da Salomo alle Prüfungen lösen kann, schließt sich die
Königin ihm an – ihr Volk übernimmt den Glauben des Propheten. Der Wiede-

Aufbruch, Aufregungen, Schwierigkeiten, Gedanken, Heiterkeit

❀ ❀ ❀

[10] Fariduddin Attar (* ca. 1136 + um 1220) gilt als einer der wichtigsten Gestalten des Sufismus. Das
berühmteste seiner 114 überlieferten Werke sind *Die Vogelgespräche*. In diesem Epos schickt er, angeführt
vom Wiedehopf, dreißig Vögel auf eine Reise durch sieben Täler zum Vogelkönig, dem Simurgh. In diesem erkennen schließlich alle Vögel ihre wahre Natur(Erleuchtung – Erkenntnis der eigenen Identität).
Erst im 17. Jahrhundert wurde dieses Epos in Europa bekannt (1653 durch eine französische Teilüberset-
zung; 1678 in einer lateinischen Fassung).

hopf erlangt als Auslöser für eine Konvertierung zum Islam mythische Dimension. Zahlreiche Legenden rühmen die Klugheit des Vogels. Ein Liebesbote war der Wiedehopf in der arabischen Dichtung übrigens auch.

In unserem Kulturkreis gilt der Wiedehopf hingegen als unrein. Tatsächlich hat dieser Vogel die unangenehme Eigenschaft, bei Gefahr dem Angreifer stinkende Bürzeldrüsensekrete und Kot entgegenzuschleudern. Deshalb sieht es in direkter Nestumgebung im wahrsten Sinne des Wortes *beschissen* aus. Aus gleichem Grund steht der Vogel auch Pate für die Redewendung: *das eigene Nest beschmutzen* bzw. den Begriff *Nestbeschmutzer*, mit dem diffamiert wird, wer Zustände des eigenen Umfeldes zu kritisieren wagt.

Vögel pendeln zwischen den Welten, sind sehr beweglich und reisen weit (Zugvögel). Daher symbolisieren sie auch die Themen Freiheit, Unabhängigkeit, Leichtigkeit und Beweglichkeit, stehen aber auch für die Seele. In der modernen Verwendung werden Vögel auch mit Sexualität in Verbindung gebracht (*vögeln* für Geschlechtsverkehr haben). Ganz anders im Hitchcock-Film *Die Vögel*, wo sie aus scheinbar unerfindlichen Gründen aggressiv gegen Menschen reagieren. Harmlose Tiere werden urplötzlich zur Bedrohung: Sinnbild Allgegenwart des Unerwarteten.

Wiedehopfs wegweisender Wink

Über den Wolken muss die Freiheit wohl grenzenlos sein – wäre man doch nur immer so frei. Setzen Sie Ihre persönliche Reise fort, auch wenn Ihnen vorübergehend Schwierigkeiten den Weiterflug erschweren. Behalten Sie den Überblick und stellen Sie durchaus auch einmal den Kamm auf, wenn etwas Sie stört. Es schadet nicht, gelegentlich etwas abzuheben: Nur wer sich über die Dinge erhebt, kann Sie überblicken. Lernen Sie vom Wiedehopf…

Bärtschi Bonmot

In Attars Vogelgesprächen führt der Wiedehopf die 30 Vögel durch etliche Schwierigkeiten hindurch bis hin zum Simurgh, dem König der Vögel. Dort angekommen, erkennen sie sich selbst in ihm, denn er wirkt als Spiegel ihrer selbst. Schatten und bisherige Hürden, Führer und Suchende lösen sich auf – nur noch EIN Pfad bleibt übrig.

13 Kind

Die Kinder auf den klassischen Lenormand-Karten spielen mit heute eher archaischen Spielzeugen: Peitschen-Kreisel, Springseil, selbst genähte Stoffpuppe. Springseile mögen heute noch verwendet, selbst genähte Puppen noch in Anthroposophenkreisen an das Kinderherz gedrückt werden – die meisten *modernen* Kinder bevorzugen aber wohl Computerspiele oder Multifunktions-Puppen, die schreien, pieseln oder sonst wie *Lebendigkeit* vorgaukeln.

Altmodisch ist das Pferdchen-Karussell, auf dem dieses Kind durch die Lichterpracht juchzt, auch – aber selbst für *moderne* Kinder (zumindest bis zu einer gewissen Altersstufe) dürfte ein Karussell nach wie vor seinen Zauber haben. Wie der *Reiter* auf Karte 1 reitet auch dieses Kind auf einem Pferd – nur, es kommt nicht voran; das Kind übt das Reiten erst noch. Unbefangen, unbekümmert, fröhlich tut es so, als galoppiere es über Stock und Stein, in kindlicher Unschuld auf unschuldsweißem Schimmelrücken – und tatsächlich bringt dieses Karussell-Kind wie der echte Rei-

Erneuerung, Vertrauen, Hoffnung

ter eine Botschaft: *Es geht rund. Etwas Neues fängt an.* Das Kind ist barfuß – noch nicht in einengende Schuhe gezwängt, kann seine Gangart noch frei entwickeln. Es wird seinen Weg gehen, wenn es die nötigen Freiheiten (freies *Fliegen* auf dem Pferderücken) auf der einen und die nötigen Maßstäbe und Hilfen (der Stab, der dem Pferd Bodenhaftung gibt, der Zügel zum Festhalten) auf der anderen Seite bekommt.

Das Kind hält einen Luftballon am Band in Händen: Der Ball, und ähnlich hier auch der Ballon, symbolisieren die Welt und die Ganzheit: das Kind hält also quasi die Welt und das Ganze in den Händen: Man mag da nur sagen: »Kind, mach was draus… Noch hast du alle Chancen, alle Freiheiten. Spiele und lerne spielend für das Leben. Wie schnell kann so ein Ballon platzen…«. Das klingt jetzt etwas verklärend – tatsächlich haben auch Kinder ihre Probleme und Schwierigkeiten. Und Manches, was für Erwachsene mit ihren Erfahrungshintergründen eher belächelnswert ist, stürzt Kinder in große Ängste und Krisen. Die sind aber für Reifungsprozesse durchaus notwendig. Wir sonst sollten wir relativieren lernen, lernen richtig einzuschätzen, was wichtig ist und was nicht, was *gut* ist und was *schlecht*, was *richtig* und was *falsch* und so weiter. Trotzdem können Erwachsene von Kindern lernen: Ungezwungenheit, Offenheit, das Leben im Jetzt. Ein Kind ist ja ein noch *nicht ganz fertiger* Mensch – wobei sich die Frage stellt, wann denn ein Mensch *fertig* ist – daher ein Symbol für das Unreife, Unvollendete. In der Traumdeutung zeigt ein Traum-Kind an, was noch zur Reife gebracht werden sollte. Kranke Kinder im Traum deuten auf seelische Probleme hin, gesunde auf Lebenskraft und Daseinsfreude.

Kerniges Kinder Codewort

Gehen Sie unbeschwert, offen und positiv auf andere Menschen und andere Situationen zu. Geben Sie Ihren Wünschen, Gefühlen und Bedürfnissen die Chance und den Freiraum, sich frei zu entwickeln. Wie viel Freiheit ist dazu möglich und wie viel lenkende und stützende Führung ist dazu nötig? Vorsicht ist das eine, Vertrauen das andere. Zukunft braucht beides. Zukunft beginnt jetzt!

Bärtschi Bonmot

Kürzlich verbrachte ich mit einer Freundin einen wunderbar kreativen Abend voller Lachen und kindlicher Ausgelassenheit. Da träumte ich in der Nacht, dass wir immer noch fröhlich in der Stube saßen, als auf einmal die Tür aufging und ein göttliches Kind herein getragen wurde. Es strahlte voller Kraft und Erhabenheit. Es war für mich wie die Worte Jesu: »Werdet wie die Kinder...«. Himmel ist das Hier und Jetzt, der Moment aus vollem Herzen gelebt. Was gibt es Göttlicheres, als im Hier und Jetzt spontan und staunend sein himmlisches Spiel zu treiben?

Die Zutaten für diese Karte: Ein recht ansehnlicher Fuchs mittleren Alters, ein sich gar wunderschön dünkender Rabe mit engelgleicher Singstimme – so ihm jedenfalls vom Fuchs suggeriert – und ein Stück Käse, um das sich hier eigentlich alles dreht. Keine gestohlene Gans, kein gemeucheltes Huhn, kein *lonely fox on the run*, wie auf den klassischen Lenormand-Karten. Stattdessen ein Lehrbuchbeispiel für Schläue und List. So erzählt es uns der berühmte antike Fabeldichter Äsop schon im 6. Jahrhundert v. Chr.: »Ein Rabe hatte einen Käse gestohlen, flog damit auf einen Baum und wollte dort seine Beute in Ruhe verzehren.

Da es aber der Raben Art ist, beim Essen nicht schweigen zu können, hörte ein vorbeikommender Fuchs den Raben über dem Käse krächzen. Er lief eilig hinzu und begann den Raben zu loben: ›O Rabe, was bist du für ein wunderbarer Vogel! Wenn dein Gesang ebenso schön ist wie dein Gefieder, dann sollte man dich zum König aller Vögel krönen!‹ Dem Raben taten diese Schmeicheleien so wohl, dass er seinen Schnabel weit aufsperrte, um dem Fuchs etwas vorzusingen. Dabei entfiel ihm der Käse. Den nahm der Fuchs behände, fraß ihn und lachte über den törichten Raben.«

Schläue, Wachsamkeit, List, Betrug, Neider

Das Geschehen in den Äsopischen Fabeln hatte für die Menschen seiner Zeit eine unmittelbar einleuchtende Aussage und Bedeutung. Hier geht es um gleich zwei Schwächen, von denen die eine durch eine Stärke positiv überlagert wird: Eitelkeit (Rabe) und Neid (Fuchs – *Der hat Käse, ich nicht*) und List (Fuchs – *Wie komme ich an den Käse heran?*). Während wir den Neid des Fuchses verurteilen, bewundern wir zugleich seine List. So ambivalent wird der Fuchs in der abendländischen Symbolik auch bewertet. Klugheit, List und Tücke werden sowohl bewundert, als auch verachtet. In der christlichen Ikonographie steht der Fuchs für Lüge, Verrat, Habsucht, Maßlosigkeit und Wollust (gewisse Männer, die sich wohl für besonders potent halten, hängen gerne einen Fuchsschwanz an die Antenne ihres Autos – in doppeltem Sinne phallisch also). Im Englischen gibt es sogar ein füchsisches Adjektiv: *foxy* heißt dort einerseits schlau, listig, aber auch geil (in der Vulgärsprache).

Schon aufgrund seiner feuerroten Fellfarbe galt der Fuchs (wie Eichhörnchen oder Luchs) als Tier des Satans. Und auch heute ist Meister Reineke als Überträger der Tollwut nicht besonders gut beleumundet. Zugleich nutzt die Werbung die positiven Assoziationen von Schläue und Klugheit für ihre Zwecke und versucht Häuslebauern Bausparverträge und waschaktiven Hausfrauen sparsame Waschmittel anzudienen. Und selbst Internet-Nutzer gelangen häufig über ein fuchsbewachtes Provider-Portal ins weltweite Daten-Nirvana.

Fuchses findige Finesse

Handeln Sie schlau, umsichtig und schrecken Sie auch vor kleinen Listen nicht zurück, um Ihre Ziele durchzusetzen. Sie müssen ja nicht gleich lügen und betrügen (das tun andere schon genug) – aber ein nicht gesagtes Wort hilft oft mehr als eine eloquent vorgetragene Schwindelei! Aber Vorsicht: *Der Fuchs mag schlau sein, schlauer ist, wer ihn fängt…*, sagt ein altes spanischen Sprichwort. Fallen Sie also nicht auf Schmeicheleien herein – ein gesundes Selbstvertrauen schützt Sie davor. Doch ehrlich gemeinte Komplimente hören wir doch alle gern, oder?

Bärtschi Bonmot

Der Fuchs als schlauer Schmeichler überlistet den Raben. »Ach wie schön du singst!« schwindelt der Fuchs und schürt damit des Raben Ego.

Auf den Lenormand-Karten sind Gegenstände und Lebewesen aus der direkten Lebensumwelt der einfachen Leute abgebildet – leicht wieder zu erkennen, leicht mit bestimmten Aussagen zu assoziieren. Dazu gehörte im 19. Jahrhundert auch der Braunbär, wie er auf allen bisherigen Varianten dargestellt ist. *Meister Petz* beim fröhlichen Hausieren im Wald und auf der Flur (oder als dressierten Tanzbären auf dem Rummelplatz) leibhaftig zu begegnen, war damals nichts Ungewöhnliches. Tödliche Bedrohung und Faszination der Kraft zugleich. Heute braucht man dazu schon viel Geduld, eine gute Kondition, um in die entlegenen Gebiete Europas vorzudringen, wo es noch wilde Bären gibt oder – eine Eintrittskarte für den Zoo.

Neuerdings sind Bären einer ganz anderen Rasse in den Mittelpunkt des weltweiten Interesses gerückt: die Eisbären. Den Bewohnern der Arktis geht es an den Pelz, nicht weil sie so stark bejagt würden, sondern weil ihnen buchstäblich

Stärke, Kraft, Macht, Glück

der Lebensraum unter den Tatzen weg schmilzt. Aufgrund der Klimaerwärmung verringert sich die arktische Eisdecke dramatisch und die Bären kommen kaum noch an ihre Hauptnahrung, die Robben, heran. Bedrohung macht sympathisch. Schlimm genug, dass wir Menschen erst dann reagieren, wenn's fast zu spät ist. Vom weltweiten Medienrummel um ein Eisbärbaby namens Knut im Berliner Zoo im Jahr 2007 wurde die *Bärenliebe* zusätzlich angestachelt. Es wird sich zeigen, ob dies den Eisbären geholfen oder ob es ihnen eher einen *Bärendienst* erwiesen hat – nämlich den, dass nach diesem multimedialen Hype auf allen Kanälen niemand mehr Bären sehen kann.

Für diese Bärenfamilie auf dieser Karte scheint die Welt noch in Ordnung. Sie strömt neben Stärke und Kraft vor allem Sicherheit und Geborgenheit aus. Die psychologische Symboldeutung interpretiert den Bären als Verkörperung der gefährlichen Aspekte des Unterbewussten. Bei den Knuddeln hier fällt diese Sichtweise durchaus schwer. Eher schon kommen Aspekte wie *Tollpatschigkeit*, *Drolligkeit* und *Unbelecktheit* zum Tragen. Hinter letzterem steckt die antike Auffassung, Bärenjunge würden als unförmiges Stück Fleisch geboren und erst durch das Lecken der Mutter zu Bären geformt. Ein *unbeleckter Mensch* ist also so gesehen jemand, der noch sehr ungeformt und dumm ist. Ansonsten symbolisiert der Bär Kraft, Stärke (Krafttier) und Wildheit. Diese Kraft wird in Skandinavien (inzwischen aber auch hierzulande) symbolisch gerne auf männliche Sprösslinge übertragen, die dann Björn oder Bjarne (= Bär) genant werden. Auch in zahlreichen Wappen (z. B. Stadtwappen von Berlin und Bern) ist der Bär in der Funktion *Demonstration von Stärke* vertreten.

Brummige Bären Bäreicherung

Die wilden Triebe stecken in jedem von uns – sie wollen und müssen gebändigt werden. So wie die Bärenmutter ihre urwüchsigen Kräfte nutzt, ihre Kinder großzuziehen, die sie mühelos mit einem Tatzenschlag töten könnte, so sollten auch Sie die in Ihnen steckenden Kräfte für Sinnvolles nutzen. Lassen Sie sich keinen Bären aufbinden und sich von anderen auch nicht zum Tanzbären machen. Vertrauen Sie auf Ihre Instinkte und setzen Sie sie zum Erreichen Ihrer Ziele bewusst ein.

Bärtschi Bonmot

Im Film »The white planet« spielten meine Bären die Hauptrolle. Ihnen widme ich diese Karte. Sie steht für Wärme, Schutz, Kraft und Mut, die es braucht, um in einer eiskalten Welt überleben zu können. Möge es ihnen gelingen...

Nun sagen Sie nicht, die Sterne seien Ihnen Schnuppe! Zumindest diese Sternschnuppe sollten Sie sich genauer ansehen, schließlich darf man sich angesichts einer Sternschnuppe etwas wünschen. Und das geht dann auch in Erfüllung, heißt es. Aus fernen Galaxien kommt sie angesaust. »Ich düse, düse, düse im Sauseschritt und bring' die Liebe mit…« lautete einmal der Refrain eines Sommerhits der frühen 1980er Jahre. Bei Bundeswehrsoldaten auf der Heimfahrt dröhnte dieses Lied gerne (wenn auch mit etwas eigener Intention…) aus den geöffneten Autofenstern.

Sterne haben naturgemäß weltweit symbolische Bedeutungen, die so vielfältig sind, wie sie selbst. Fast überall wurden bzw. werden sie aber als Zeichen der Götter, als Sinnbilder kosmischer Ordnung und Schönheit gesehen. Manche Kulturen sehen darin die Seelen ihrer Verstorbenen, die von oben *ihr Licht* auf die Erde werfen und so den Lebenden als Orientierung dienen. Und tatsächlich dienten die Sterne, allen voran der Morgen-

Gelingen, Klarheit, Orientierung

bzw. Abendstern (Venus), insbesondere den Seefahrern als Orientierungspunkte über das so wegzeichenarme Meer, jedenfalls bis zur Erfindung von Radar und Peilfunk. In dieser Funktion fanden Sterne auch Eingang in Religionen. Im Christentum führt etwa der *Stern von Bethlehem* (wahrscheinlich ein Komet, ob er nun *Halley* hieß oder anders) die Weisen aus dem Morgenland zum Geburtsstall des Christuskindes. Sterne symbolisieren also Orientierung und Leitbilder (*Leitstern*).

Nicht umsonst heißt es »Folge deinem Stern…«, womit nicht unbedingt eine astrologische Dimension angesprochen sein muss. Wenngleich – wer sonst weiß schon, was in den Sternen steht?

Sterne sieht man nur, wenn keine verhüllenden Wolken am Himmel sind – bei sternenklarer Nacht also. Kunstlichtverseuchten Großstädtern kann man nur empfehlen, ab und zu aufs Land zu fahren, um dort (vielleicht in romantischer Zweisamkeit) bei völliger Dunkelheit das Funkeln der Sterne zu bewundern. Wirklich erhebend im vielfachen Wortsinn! So gesehen symbolisieren Sterne eben auch Klarheit und Durchblick. Vorsicht: Sterne in Gestalt von *Stars* können allerdings auch blenden (sofern diese nicht selbst verblendet sind, aber das wird meist recht schnell klar…). Leitbilder sind durchaus hilfreich – Idole meistens nicht. Apropos Leitbild: Betrachten Sie einmal das Bild *Der Vitruvius-Mann* von Leonardo da Vinci. Er verbildlicht die Bedeutung des fünfzackigen Sterns (Pentagramm, Drudenfuß) als Sinnbild des Menschen. Der so dargestellte ideale Mensch erfüllt mathematisch genau die Regeln des goldenen Schnitts.

Der Stern auf dieser Karte hat einen eigenen Kopf, hat Arme, Beine und einen Körper – wie Sie. Ein personifizierter Stern. Das will Ihnen diese Karte nämlich auch sagen: Seien Sie Ihr eigener Star!

Sterns stimmige Stellungnahme

Folgen Sie Ihrem persönlichen Leitstern, dann wird Ihnen auch gelingen, was Sie vorhaben. Klären Sie, was zu klären ist. Nutzen Sie die Sterne als Hilfsmittel zur Orientierung, aber lassen Sie sie dort, wo sie sind. »Ich hol' dir keine Sterne mehr vom Himmel, die liegen nachher doch nur bei uns ´rum…«, sang Ende der 1980er (schon wieder! Muss irgendwie eine Sternen-Dekade gewesen sein…) Thommie Bayer, und Recht hat er. Wer alle Träume verwirklicht, hat nichts mehr zum träumen…!

Bärtschi Bonmot

Eine juwelengleiche Sternschnuppe durchschweift den perlenübersäten Nachthimmel. Alles Gute kommt von oben! Setze dich mit deinem Glück in Verbindung und sei wunschlos glücklich.

Ach, Kalif von Bagdad, hättest du nicht so gelacht und dadurch das Zauberwort vergessen. Nun kannst du zwar die Sprache der Tiere verstehen, musst aber Storch bleiben, bis dir das Wort der Verwandlung wieder einfällt. Doch gräme dich nicht – so ein Storch ist ein höchst erstaunlicher und kenntnisreicher Vogel: Er schützt vor Blitzschlag und Feuer im Haus. Er beschert denen, auf dessen Dach er brütet, ein langes Leben und Wohlstand und er bringt die Kinder herbei. Ach ja, und zwischendrin reist er jeden Winter auch noch in den fernen Süden, um statt mitteleuropäischer Grasfrösche ein paar afrikanische Kröten zu schlucken. Wenn er dann nach längerem Urlaub im zeitigen Frühjahr zurückkehrt, dann findet er auch noch zielsicher zu seinem alten Nest zurück, um schnabelklappernd für eine neue Storchengeneration zu sorgen. Hierzu muss er erstaunlicherweise Eier legen und mühsam ausbrüten (die Menschenkinder schleppt er doch fix und fertig in einem Tuch herbei…?).

Umzug, Veränderung, Langlebigkeit, Glück, Zufriedenheit im Alter

Ein Storch verspeist nicht nur Frösche, Kröten und Fische, sondern gerne auch mal eine Schlange oder sonstige Kriechtiere, die von den Menschen in die Schublade *unheilvoll, eklig, gefährlich* gesteckt werden. Da der Storch diese satanischen Geschöpfe (Schlangen und dergleichen eben) vernichtet, gilt er als Hinweis auf Christus, der ja auch Satan und seine Geschöpfe überwindet. In dieser das Böse abweisenden Funktion ziert er etwa auch das Stadtwappen der niederländischen Stadt

Den Haag. Er ist auch ein Vogel der Sonne, denn mit ihm kommt im Frühling die Sonne zurück und neues Leben kann entstehen. Gleichzeitig wird der Storch als *Wasservogel* und Fischfänger natürlich mit dem Wasser assoziiert. Aus dieser Kombination resultiert der Zusammenhang zu *Kinder bringen*, gilt doch das Wasser als schöpfendes Element, aus dem die Störche dann so ganz nebenbei die Kinder *heraus schöpfen*.

Sein Symbolgehalt als Zeichen für Veränderung oder, wie in der traditionellen Lenormand-Deutung, für Umzug, ist auf seine *Reisetätigkeit* als Zugvogel zurückzuführen. Damit steht aber auch seine Bedeutung als Fruchtbarkeitssymbol (Frühling, Rückkehr), Lebenssymbol und Symbol der Wiederauferstehung in Verbindung. Die Symbolik des Storches ist also durchweg positiv, ja er gilt sogar als Glückssymbol (wie etwa der Klee). Und da er zuweilen auf einem Bein ruhend zu sehen ist, wurde er auch gleich ein Sinnbild der philosophischen Versenkung: Wer so im trüben Wasser herumsteht, muss offenbar gründlich über etwas nachdenken!

Wenn nun aber Veränderungen anstehen, sei es weil ein Kind vorbeigebracht wurde oder eine weitere Reise ansteht, ist das manch' einem Zeitgenossen gar nicht so geheuer. Schließlich bedeutet Derartiges immer ein Abschiednehmen von liebgewordenen Gewohnheiten, ein sich Einlassen auf Neues, Unbekanntes. Sei's drum: Auch Störche müssen manchmal Kröten schlucken.

Adebars anrührender Ansporn

Adebar, der *Sumpfgänger* oder *Segenbringer*, je nach linguistischer Herleitung, macht Mut für Veränderungen – absichtlich herbeigeführte oder plötzlich kommende. Denken Sie einfach einmal kurz (wenn Sie's schaffen auf einem Bein, wie der Storch) über die Vor- und Nachteile nach und dann starten Sie. *No risk, no fun.*

Bärtschi Bonmot

Die Störche verlassen das nordische Land und begeben sich auf ihre weite Reise in den Süden. Altes wird zurück gelassen und Neues erforscht.

Können Sie sich vorstellen, dass dieses dort auf dem roten Sofa aristokratisch residierende Wesen noch in den 1950er Jahren in Paris zur Reinigung der Rohre durch die Kanalisation getrieben wurde? Eine lebende Klobürste, unser Pudel.

Und damit stecken wir schon mittendrin in der Ambivalenz des Symbols Hund: verhätschelt und vermenschelt bis zum Geht-nicht-mehr auf der einen, als lebender Haiköder oder Suppeneinlage missbraucht auf der anderen Seite. Die in der Landwirtschaft *genutzten* Hütehunde leben da ein geradezu paradiesisches, weil noch weitgehend artgerechtes Leben.

Mensch und Hund – eine Jahrtausende alte Liebes- und Hassgeschichte.

Freundschaft, Treue

Der beste Freund des Menschen, dem allemal ein roter Prunkthron gebühren würde angesichts der guten Taten, die Hunde seit Generationen für den Menschen getan haben, war zugleich immer auch sein grimmigster Todfeind. Der Stammvater (und natürlich auch die Stammmutter) aller Hunde ist der Wolf – gnadenlos gejagt bis fast zur totalen Ausrottung. Interessanterweise steht der hier so affektiert ondulierte, haarschopfbeschleifte Königs-Pudel genetisch seinen Stammeltern weitaus näher als manch andere Rasse, die auf den ersten Blick eher wölfisch ausschaut.

In der Symbolik des Hundes spiegelt sich diese Ambivalenz auch deutlich wieder. Einerseits Sinnbild für Treue und Freundschaft, symbolisiert er andererseits das Böse, Niedrige, Verachtenswerte, wie es sich noch in vielen Redewendungen und Schimpfworten erahnen lässt (*auf den Hund gekommen; dreckiger Hund* u. v. m.). Dass hier gerade ein Pudel die Karte *Hund* ziert, hat einen Grund. Pudel gelten als besonders intelligent und *dienten* seit Beginn der Pudelzucht im 17. Jahrhundert als Apportierhunde, vor allem bei der Wasservogeljagd. Heute sind sie als gute Wachhunde und verspielte, sehr kinderliebe Hausgefährten geschätzt (der erste und einzige Hund, der mich je gebissen hat, war übrigens ein *kinderlieber* Pudel. Gebissen hat er natürlich nach der bei Hundehaltern so beliebten Formel: *Der spielt doch nur...* – soviel zum Thema subjektive Symbolaspekte...). Der Name geht auf das niederdeutsche *püdel* (Pfütze) bzw. das angelsächsische *puddeln* (im Wasser planschen) zurück. Der Pudel als Fehler beim Kegeln ist übrigens auch schon mehr als 300 Jahre alt.[11]

Es kommt noch der Aspekt der Verantwortung zum Tragen. Wach- und Hütehunde haben ja auch eine gewisse Verantwortung über das zu bewachende Objekt, sei es ein Haus oder eine Herde. In Bezug auf Sie selbst kann der Hund also auch bedeuten, für sich selbst Verantwortung zu übernehmen, sich selbst treu zu bleiben.

Pudels puscheliger Push

Gute Freunde sehen nicht unbedingt so aus, wie man sie sich vorstellt. Des *Pudels Kern*, seit Goethe sprichwörtlich, sieht häufig anders aus, als man denkt. Wenn Sie einen wirklichen Freund gefunden haben, dann hüten Sie ihn wie einen Schatz: Solche Freunde sind selten! Betrachten Sie heute mal Ihr persönliches Umfeld auf dieses Thema hin: Wer ist Ihr Freund und wer nur *Pudel*? Wenn's Probleme gibt, dann hilft nur eins – Nase tief hinein und nach Hundemanier herausschnüffeln, wo der Hund begraben liegt. Vertrauen Sie auf Ihre eigene Nase, Ihren eigenen *Riecher*.

Bärtschi Bonmot

Der Königspudel ist so treu und voller Liebe für sein Herrchen, dass er zum Dank auf seinem Samtsofa liegen und einen Platz an seines Herrchens Seite einnehmen darf.

❀ ❀ ❀ ❀

[11] vgl. Kluge, *Etymologisches Wörterbuch*, Berlin-New York (de Gruyter) 1975, S. 569

»Rapunzel, Rapunzel, lass dein Haar herunter…« – na, bei diesem Rapunzel können die Königssöhne lange warten! Sehnsuchtsvoll schaut die Prinzessin aus ihrem Elfenbeinturm herab und wird dort wohl noch eine Weile entrückt hocken bleiben. Gehen wir von einem durchschnittlichen Haarwachstum von ca. 15–20 cm pro Jahr aus, dann dürfte es bei einer (niedrigen) Turmhöhe von 10 m über 66 Jahre dauern, bis ihr Haar erkletterbar wäre. Ob die Prinzessin dann noch so hübsch ausschaut, und ob der Königssohn dann überhaupt noch hochkommt?

Der Turm hat eine sehr breite Bedeutungspalette, die von Elfenbeinturm, über Leuchtturm, Wachturm und Kirchturm bis hin zu Hungerturm oder Schuldturm reicht. Dabei definieren jeweils die Nutzungsfunktionen die symbolische Aspektierung. In jedem Fall sind Türme herausragende Bauwerke von Menschenhand. Sie gelten als Bindeglieder zwischen Himmel und Erde (s. auch *Berg*) und zieren als *Fingerzeig Gottes* die Gotteshäuser fast aller Religionen. Grenzen (Limes) und sonstig zu bewachende Objekte (seien es Landschaften, Flussfurten oder Städte) wurden von Wachtürmen aus geschützt. Die Wachleute konnten von oben aus, wenn sie nicht gerade wieder schliefen, heranrückende Feinde frühzeitig erkennen.

Wachsamkeit, Überblick, Sicherheit, Gefangenschaft, Recht

Frühe Kirchen wurden als Wehrkirchen mit dick gemauerten Fluchttürmen erbaut (etwa auf der Insel Bornholm). Sie boten Sicherheit, wenn Feinde es trotz

Wachturm geschafft hatten, heranzukommen. Sie waren aber zugleich auch Orte der Gefangenschaft, man konnte ja nicht raus, solange die Feinde draußen herum sprangen. Um diese Erfahrung reicher, nutzte man dann Türme auch gerne, um aus welchem Grund auch immer missliebige Zeitgenossen gefangen zu halten.

Und natürlich ist der Turm, wie könnte es anders sein (ich zitiere es gerne erneut: *a thing is a phallic symbol if it's longer than it's wide*), ein Phallussymbol. Wer von einer Gefangenschaft im Turm träumt, hat mit sexuellen Hemmungen zu kämpfen, sagt die Traumdeutung.

Und nun eine sehr negative Komponente, die erst vor wenigen Jahren in die Turmsymbolik einfloss. Die Twin-Tower des World Trade Centers in New York: Symbole der Fassungslosigkeit, der Erschütterung, der Sprachlosigkeit, des Irrsinns. Tausende Menschen fanden durch doppelte Hybris den Tod. Durch die Selbstüberhebung *religiös* fanatisierter Attentäter, die der Welt mit Gewalt ihre Sicht der Dinge aufzwingen wollten. Aber auch durch die Selbstüberhebung der profitorientierten kapitalistischen Welt, versinnbildlicht in diesen Handelstürmen, die rücksichtslos über Traditionen und kulturelle Eigenheiten hinwegtrampelt. Hoffentlich werden diese Türme als Wegweiser in eine bessere, von Miteinander und Füreinander geprägte Zukunft in die Geschichte eingehen und nicht als Anfang eines vernichtenden *Kreuzzuges* der Kulturen gegeneinander…

Turmes treffsicherer Tipp

Wer Sicherheit will, braucht den Überblick. Ziehen Sie sich vorübergehend aus dem Alltag zurück in Ihren *Turm*, Ihr Refugium, um sich diese Sicherheit zu verschaffen. Handeln Sie vorausschauend und achten Sie auf *Leuchttürme* (Orientierungspunkte). Dies gilt insbesondere, wenn Sie sich neues *Territorium* erschließen wollen… Erstmal einen Überblick gewinnen, dann in die Details einsteigen.

Bärtschi Bonmot

Hoch oben im Turm lebt ein Prinzesschen. Einerseits ist sie einsam, gleichzeitig aber findet sie in der Abgeschiedenheit zu sich selbst. Sie lernt, sich einen Überblick zu verschaffen und auf sich selbst zu vertrauen.

Vom Turm aus (im Hintergrund) hat die gefangene Prinzessin (gerade guckt sie mal nicht zum Turmfenster heraus) einen First-Class-Ausblick in einen wunderbaren Garten. Inmitten üppigster Blütenpracht spielt eine junge Frau auf der Sithar[12] verträumte Liebeslieder. Ein ebenso *kreatives* wie *rekreatives* (erholsames) Tun. Dieser Garten lässt die Schönheit des Paradieses ahnen, welches uns die Schlange (siehe dort) ja nun so gründlich verdorben hat. Damit hier keine Schlangen herumkriechen, hält der Ibis im Teich Wache, wie der Storch (siehe dort) und der Adler, ein der Sonne (Erkenntnis) zugeordneter Vogel, der die bösen Geister und Satanstiere vernichtet. Hier lässt es sich also beruhigt musizieren, meditieren und das Leben genießen.

Kreativität, Rekreation, Gesellschaft, Kommunikation, Meditation

In der klassischen Lenormand-Deutung steht der Garten für Kommunikation und Gesellschaft. Hier eher für Innehalten, sich regenerieren, für das heitere Genießen der (idealisierten) Natur. Ein Garten ist schon seit eh und je ein Rückzugsgebiet, ein umzäuntes (hier ummauertes) Stückchen Land, liebevoll gehegt und gepflegt, das die *wilde* Natur *aussperrt*. Ein Sinnbild der Kultivierung im doppelten Wortsinn: Kultivierung der Umwelt, der Natur und auch Kultivierung des mensch-

❀ ❀ ❀ ❀

[12] Ein in Vorderindien und Indien verbreitetes, lautenartiges Saiteninstrument mit langem Griffhals, 18 Bünden und 3-7 Saiten.

lichen Selbst. Ein Ort der Sicherheit. Hier kann in Ruhe gedeihen, was *draußen* gefährdet wäre. Eine Insel der Seligen als Erinnerung an das verlorene Paradies. In manchen Ländern gilt die *Gartenkunst* als eine der höchsten Kunstformen. Die Zen-Buddhisten Japans sind hierin besondere Meister. Ein kunstvoll angelegter Zen-Garten symbolisiert die Ganzheit der Welt, das Prinzip des Yin und Yang. Jeder Teil darin verkörpert bestimmte Aspekte des Seins. Der Garten als vollkommenes Abbild der kosmischen Harmonie, die auf den Menschen positiv einwirken soll. Doch auch die europäischen Gartenarchitekten der verschiedenen Epochen können sich sehen lassen. In den Gärten spiegelte sich immer Zeitgeist und Weltsicht. Strenge geometrische Formen in der Renaissance, überladene Pracht im Barock, *freie, natürliche* Landschaft in den englischen Gärten des 19. Jahrhunderts.

Gärten stehen für Wachstum und Entwicklung, aber auch für die große Arbeit, die es braucht, um einen Garten erst einmal anzulegen. Wie ein Garten auch immer angelegt sein mag, die Pflanzen darin wachsen, wenn man sie einigermaßen pflegt. In der Traumdeutung stehen daher Gärten auch für Wachstum im übertragenen Sinne, für innere Reifungsprozesse, insbesondere, wenn man im Traum den Eingang zu einem solchen Garten findet. Wie wunderbar so etwas sein kann, können sie in dem Buch *Der alte Garten* nachlesen, welches ich an dieser Stelle sehr zu lesen empfehle.[13]

Gärtleins grandioser Gedanke

Schöpfen Sie Kraft und laden Sie ihre Batterien auf. Zeit für Rückzug und Besinnung. Ein schöner Garten ist der ideale Gegenpol für den Stress des Alltags. Dort kann man sich erden und wieder auf den Boden der Wirklichkeit zurückkommen. Erkennen Sie, was wirklich wichtig ist.

Bärtschi Bonmot

Mein Gärtlein ist voller Blumen und Bäume und lädt zum Lustwandeln ein, zum Saitenspiel und sich von der Muse küssen zu lassen... Mein Gärtlein ist ein kleines Paradies, in welchem du Kraft schöpfen kannst. Pflege es gut!

❀ ❀ ❀

[13] Marie Luise Kaschnitz: *Der alte Garten*. Frankfurt a. M. / Leipzig (Insel Taschenbuch) 1999

»Erklimmen wir also die Jungfrau…« – gemeint ist der mit 4158 m dritthöchste Berg in den Berner Alpen, der für diesen *Berg* Vorbild stand – an was dachten Sie denn? Eine echte Herausforderung, einen solch hohen Berg zu erklimmen. Nicht zuletzt deshalb gehen Messner & Co. so gerne die *Wände* hoch: Sie lieben die Herausforderung. Und noch aus einem anderen Grund quälen sich all die Kletterkoryphäen die Vier-, Sechs- und Achttausender hinauf. Dieser Grund hat nun tatsächlich mit dem zu tun, an das Sie vielleicht beim ersten Satz dann doch gedacht haben: mit dem Gipfelerlebnis. Sie erklimmen die Berge, um die eigenen Grenzen zu erkennen und zu überwinden, um, oben angekommen, das unendliche Glücksgefühl zu genießen, etwas sehr Schwieriges geschafft zu haben, den Sieg über sich selbst – mit Mut, Ehrgeiz und Beharrlichkeit. Das Erlebnis des Höhe-Punktes, das Gipfelerlebnis. Im erotischen Umfeld nennt man ein solches Gipfelerlebnis auch Orgasmus. Insofern eine durchaus doppelsinnige *Jungfrau*.

❊ Ziel, Hindernis, Widerstand, Herausforderung, Gipfelerlebnis ❊

Berggipfel gelten in fast allen Kulturen als Bindeglieder zwischen Himmel und Erde. Entweder tragen sie den Himmel (die *Säulen des Himmels*, Atlasgebirge) oder sie sind das Dach der Welt (Himalaya). Dort ist man als Mensch Gott am nächsten. Sehr häufig sind Berge selbst sogar Wohnsitz der Götter (Olymp, Fujiyama). Göttliche Botschaften (die 10 Gebote, die Offenbarung des Johannes, die Bergpredigt) wurden auf Bergen empfangen oder ausgesprochen. Berge sind Orte der Entrückung (Eremiten hausten bevorzugt in Höhlen oder Einsiedeleien im Gebirge) und des Überdauerns (Barbarossa *ruht* bekanntlich im Berg Kyffhäuser und wartet dort auf bessere Zeit; König Arthur tut ähnliches andernorts). Und wenn wir schon bei Berggeistern sind: Wo das Heilige wohnt, ist das Unheilige nicht weit. Zwerge klöppeln tief im Berg Gold und Edelsteine aus demselben. Riesen und Drachen bevölkern Höhlen im Berg und die Hexen aller deutschen Lande versammeln sich alljährlich in der Walpurgisnacht (die Nacht zum 1. Mai), dem *heidnischen* Beltane-Fest, auf dem Brocken im Harz und tanzen auf Besen und sonstigen Flug-Zeugen zur Feier ihres Jahresfestes um diesen Berg herum. Am Fuße der Berge haust das Unheimliche, während das Göttliche, Heilige für gewöhnlich oben auf den Gipfeln anzutreffen ist. Von dort oben hat man nämlich eine wunderbare Rundumsicht, hat also den Überblick. In der Traumsymbolik hat der Berg daher die Bedeutung Schutz (Überblick und daher Sicherheit) und Bewusstsein.

Berges belebende Bekanntmachung

Auf den ersten Blick ein unüberwindliches Hindernis, auf den zweiten Blick ein lockender Höhepunkt – nicht alles was wie ein *Berg* (von Problemen usw.) anmutet, ist auch ein solcher. Nach den ersten mühsamen Schritten macht es sogar richtig Spaß, einen Klettersteig durch Klüfte und über Grate zu entdecken – wir sind ja nicht nur Jäger und Sammler (jagen nach Abenteuern und sammeln Erfahrungen), sondern auch Entdecker – im günstigsten Falle entdecken wir uns selbst – unsere Grenzen und unsere Möglichkeiten. Wie sagte schon der weise Konfuzius: »Die Menschen stolpern nicht über Berge, sondern über Maulwurfshügel.«

Bärtschi Bonmot

Der Berg wird oft gefürchtet, weil er so unüberwindbar imposant erscheint. Nähern wir uns ihm mit Demut, so ist uns der Berggeist günstig gestimmt, was uns bisher ein Hindernis war, verwandelt sich plötzlich in einen Ort der Kraft.

Hier müsste man angesichts der so zahllos angeschraubten Richtungspfeile eigentlich den Kartentitel im Plural schreiben. Und im wirklichen Leben ist es ja in der Regel tatsächlich auch eine Vielfalt an Entscheidungsmöglichkeiten, die zu Gebote steht, manchmal fast zu viele – sonst wären die meisten Entscheidungen ja geradezu einfach. Tatsächlich kreisen die Gedanken im Vorfeld in alle möglichen Richtungen. Ist das der richtige Weg oder eine Sackgasse? Ist dies der Ausweg oder ein Holzweg? Wenn ich dies tue und jenes lasse, dann… An solcher Richtung weisenden Kreuzung haben Sie auch schon gestanden und wenn nicht, dann dauert's nicht mehr lang. Viele Wege führen nach Rom, heißt es in einer Redewendung. Wir wollen aber immer gerne den schnellsten und/oder bequemsten Weg finden und machen uns damit die Entscheidungen nur noch schwerer. Oder wir schlagen den direkten Weg ein, der sich aber letztlich als falsch entpuppt, weil wir uns Weg und Ziel ganz anders erträumt hatten. Dann wieder bedauern wir, einen bestimmten Weg gehen zu müssen, und genau der führt uns aber letztlich zu unserem Traum.

Wahl, Entscheidung

Der Weg ist als Symbol für den Lauf des Lebens (Lebensweg) mindestens so alt wie die Lebenssymbolik des Flusses. Auch der *Baum* und das *Schiff* haben solche Symbolaspekte. Jedes dieser *Lebens-Symbole* setzt aber die Akzente anders: Der *Baum* steht eher für eine langsame Entwicklung, für Wachstum und Stabilität.

Das *Schiff* für die Reise, den Aufbruch, den Übergang. Auf dem Lebensfluss kann man sich treiben lassen, er betont also eher den passiven Aspekt. Einen Lebensweg muss man aber ganz aktiv selbst gehen – sonst geht gar nichts vorwärts. Der Weg versinnbildlicht nicht nur den physischen, sondern auch den seelischen und spirituellen Weg zur Erleuchtung (Religionen verstehen sich als Wege zu Gott). Für viele ist der Weg schon das Ziel. Womöglich haben sie Recht.

Voranschreiten hat immer mit Entscheidungen zu tun – schon ganz zu Beginn: Was brauche ich unterwegs, was nehme ich mit, was habe ich mitbekommen, was erwerbe ich mir unterwegs, um den Weg gehen zu können. Vor allem, und das ist die fundamentale Entscheidung: Wohin will ich eigentlich? Oft genug weiß man das zu Beginn des Lebensweges noch gar nicht, man wird einfach mitgenommen. Und dann kommen eines Tages die ersten Wegkreuzungen, wo man selbst entscheiden muss, in welche Richtung man weiter gehen will: auf dem *Königsweg* im Idealfall, auf dem *Holzweg* oder dem *Irrweg*, wenn man Pech hat.

Weges wohlfeile Weisung

Seien Sie froh und glücklich, dass Sie die Wahl haben – viele haben sie nicht. Die Qual der Wahl ist vor allem die Chance zur Wahl! Jede Entscheidung ist ein bisschen falsch! So ist das Leben. Und ob Sie *richtig* entschieden haben, erfahren Sie eh erst hinterher. Mit Entscheidungen ist es wie mit dem Schwangersein: Entweder man ist schwanger oder nicht – entweder man hat entschieden oder nicht. Alles andere wäre *abwegig*. Wenn Sie alle Faktoren nach Ihren Kenntnismöglichkeiten und Fähigkeiten geprüft haben und auf dieser Basis entscheiden, gut. Mehr können Sie doch gar nicht tun! Jedes spätere *hätte, könnte, sollte* ist vergebene Liebesmüh'. Nach Maßgabe der Dinge ist bzw. war die Entscheidung dann richtig.

Bärtschi Bonmot

Es führen viele Wege nach Rom, nicht nur zwei, wie sie auf den meisten Lenormand-Karten dargestellt sind. Unser Leben ist so vielschichtig und widersprüchlich und kein Ende nimmt die Qual der Wahl! Da haben es die Raben leichter, sie wählen nicht und lachen höchstens über unser Kopfzerbrechen!

Nein – Sie brauchen jetzt nicht die freundlich-unauffälligen Herren von der Schädlingsbekämpfung zu holen, wenngleich sich diese in durchaus wesentlichen Teilen ihres Berufslebens mit Mäusen beschäftigen. Von diesen Mäusen hier droht zumindest keine Ekelgefahr. Sie sitzen nur da inmitten der Festüberbleibsel (Bonbon, Geburtstagskerze, Käse, Kuchen) und all der Fruchtbarkeitssymbole (Ähren, Nüsse, Früchte, herbstliche Fruchtstände der Lampionblume) und tun das, wozu sie geboren sind: Sie fressen sich satt. Sei's ihnen gegönnt – sie wollen auch nur leben.

Das Verhältnis des Menschen zur Maus ist ein sehr zwiespältiges. Einerseits schauen sie gar zu süß aus mit ihren leuchtenden Knopfaugen. Andererseits treibt es manch einen Erdbewohner, dem Klischee folgend vor allem Erdbewohnerinnen, angesichts von *Mus musculus*, der gemeinen Hausmaus, unter schrillem Kreischen auf das nächst beste Sitzmöbel. Mäuse wurden und werden aus etlichen Gründen auch heute noch *verteufelt* (symbolisch gesehen sind sie eine Erscheinungsform des Teufels): Sie treten meist in größeren Mengen auf und huschen nächtens heimlich durchs Gebälk.

Diebstahl, Verlust

Den Menschen sind sie *unheimlich*. Sie fressen zufällig die gleichen Dinge gern, die auch wir Menschen besonders mögen – sie sind also Nahrungskonkurrenten. Was sie nicht fressen, markieren sie mit ihrem Kot und Urin – Mäuse haben ein feines Näschen und daher immer den richtigen Riecher, wenn's irgendwo etwas

Leckeres zu holen gibt. Was für die Mäuse Wegweiser, ist für den Menschen oft krankmachend. Mäuse übertragen auf diese Weise Krankheiten (Beulenpest etc.) auf die Menschen. Kein netter Zug. Mäuse können sich dank ihrer Kleinheit und ihres Nagetierstatus zudem überall *durchbeißen*. Die gemeine Hausmaus hat sich überall auf dem Planeten breitgemacht – denn, weiterer unangenehmer Grund: Mäuse vermehren sich wie die Karnickel. Aus diesen Gründen resultiert die Bedeutung Diebstahl und Verlust – die Mäuse *stehlen* etwas und wir verlieren es.

Und doch nennen Sie Ihren Liebsten oder Ihre Liebste *Mäuschen* oder *Mausi*?! Der positive Beiklang der Maus ist moderneren Ursprungs. Helden im Mäusekörper wie *Mickey Mouse, Speedy Gonzales, Tom & Jerry* haben dazu beigetragen. Die *Sendung mit der Maus* wird von einer Maus präsentiert, die zwar nicht unbedingt alles weiß, sich aber immer irgendwie zu helfen weiß. Tagtäglich haben wir seit einigen Jahren eine Mouse in der Hand – am PC – und ohne diese Maus wäre dieses heute so lebensbestimmende Ding kaum handhabbar.

Mäuschens mehrdeutige Moral

Diebstahl und Verlust – davor kann man sich doch schützen. Spannender ist doch die Frage, was für Sie *Mäuse* (= Geld) und Besitz bedeuten. Genießen Sie die Früchte Ihrer Arbeit, aber geben Sie auch kleinen Wesen davon ab. *Divide et impera* (Teile und herrsche). Bei aktuellen Problemen nehmen Sie sich ein Beispiel an diesen kleinen Nagetieren: Bleiben Sie beharrlich, achten Sie auf die *Duftmarken* und beißen Sie sich durch.

Bärtschi Bonmot

Nachdem mein Patenkind nach seiner Geburtstagsfeier ins Bettlein gegangen war, da kamen auf einmal auf leisen Sohlen die Mäuschen hervor und, angetan vom Glamour des vergangenen Festes, stibitzten sie die bunten Süßigkeiten, Kerzlein und Klimbim. Ihr Mäuslein, seid ihr wirklich Diebe? Oder haben die Dinge nur den Besitzer gewechselt?

In dieser Karte steigert sich ein wesentliches Charakteristikum dieser Lenormand-Karten in westöstlichen, Pardon, Kitsch, welch letzterer aber wiederum absolut typisch für alle Herz-Karten in allen Lenormand-Decks ist. Auf Karte 24 *Herz* regiert nun einmal der Kitsch – und das ist auch gut so!

Ist es in den klassischen Varianten ein von unterschiedlicher Botanik umkränzter Herz-Jesu-Muskel, so haben wir hier ein lebendiges, pochendes, wie durch eine Lupe vergrößertes und dadurch betontes Herz – das Herz der Muttergöttin. Aus einer Lotos-Blüte, dem Symbol der das Unreine überwindenden Reinheit und des fruchtbaren Ursprungs, entsteigt eine wundersame Synthese aus Lakshmi, der indischen Großen Muttergöttin und zugleich Göttin des Glücks und der Schönheit, und Maria, der Mutter Jesu, in ihrem kennzeichnenden blauen Gewand und der Unschulds-Lilie im Rock. Ein wenig erinnert diese Figur an die, sorry again, kitsch-as-kitsch-can-Figuren der Lourdes-Madonna, die, gerne aus Plastik und praktischerweise gleich zum Abfüllen des abgestandenen, heiligen Wassers taugend, dort allenthalben feilgeboten werden.

 ## Liebe, Glück, Harmonie, Lebensfreude, Optimismus

Die religionenübergreifende Heiligkeit und Strahlkraft des Herzens, der Liebe, wird in dieser Darstellung mehr als sinnfällig. Ohne Herz geht nichts. Das Herz ist seit jeher das Zentrum des Menschen, der Sitz des Lebensprinzips und der Seele. Im Europa des 16./17. Jahrhundert entwickelte sich das Herz zum Symbol der himmlischen ebenso wie der irdischen Liebe. Das Herz umschreibt seither im weitesten Sinne Gemütsaffekte: Liebe, Sehnsucht, Trauer, Wut, Eifersucht usw. – die ganze Palette der Emotionen von bedingungsloser Liebe bis abgrundtiefem Hass.

Während wir im Westen das Herz eher als Heimstatt der Emotionen und des Unbewussten sehen (das Bewusste und Rationale haben wir im Gehirn, im Kopf verankert), ist für die Buddhisten gerade das Herz der Sitz des Bewusstseins (*man sieht nur mit dem Herzen gut*). In der rational orientierten westlichen Welt ist diese Sichtweise natürlich eine Herausforderung. Unser Fokus liegt auf den rein *rationalen* Analysen. Das Herz hingegen ist uns ein eher romantisches Symbol. Im harten Berufsalltag stört es mehr als es nützt. »Mit dem Herzen denken« ist aber nicht nur der Titel eines viel gelesenen Buches des Dalai Lama. Wissenschaftliche Erkenntnisse belegen, dass wir Probleme sehr viel klarer analysieren und lösen können, wenn wir *ganz* bei der Sache sind. *Ganz* bedeutet, dass Hirn und Herz zusammenarbeiten. Sowohl unser Gehirn als auch unser Herz, aus unserer Sicht der Sitz der Seele, verfügen über Zentren, die Wahrnehmungen verarbeiten und Impulse abgeben.

Herzens heißer Hinweis

Lassen Sie, was immer Sie tun, Ihr Herz mitsprechen! Wenn Sie sich entschlossen haben, etwas zu tun, dann tun Sie es mit *ganzem Herzen* und nicht *halbherzig*. Wenn Herz und Hirn einander durchdringen, dann haben wir das, was wir Harmonie mit uns selbst nennen, dann haben wir unsere Mitte gefunden. Die Kraft der Liebe hilft uns bei allem, was wir tun!

Bärtschi Bonmot

Mein ♥ ist das göttliche Herz, das allumfassende, bedingungslose Herz der Liebe. In ihm enthalten sind der Sexus, die Sehnsucht nach Körperlichkeit, der Eros, die projektive Liebe, die Verknalltheit und das Berauschtsein; Amor, die Begegnung mit dem Gegenüber, dessen Einzigartigkeit respektieren, die reife Liebe; Agape, Gottes-, Nächsten- und Selbstliebe. Alle zusammen sind die Teile des Ganzen.

25 Ring

Strahlendes Weiß auf nachtblauem Himmelsbogen – Kann es einen größeren Diamantring geben, als den funkelnden Reif, der sich bildet, wenn der Mond sich zwischen Erde und Sonne schiebt? Genau diesen wählt Judith Bärtschi – keinen mehr oder minder barocken Fingerring wie sonst üblich – nein, gleich den kosmischen, die ins All geechote Unendlichkeit.

Der Höhepunkt von Liebe und Romantik besteht für viele Frauen darin, einen Ring geschenkt zu bekommen – als Symbol für die ewige Liebe. Bereits im alten Ägypten trugen manche Frauen Ringe aus Gras und Kräutern um die Knöchel, und zeigten so, dass sie einen beschützenden Partner hatten. In der späteren Antike waren Ringe aus Eisen, später auch aus anderen Metallen, eine spezielle Auszeichnung, die nicht jeder tragen durfte. Goldene Ringe waren z. B. Senatoren oder später Rittern vorbehalten. Eiserne Ringe wurden zum Zeichen der niederen Stände.

 Kooperation, Feste, Verbindung, Ehe

Verlust oder Zerbrechen eines Ringes bedeuten im Volksglauben Unheil oder auch in einem Trennungsritual symbolisch den Ausschluss aus einer Gemeinschaft bzw. die Aufkündigung einer Verbindung. Eheringe, wie wir sie heute kennen, wurden erst im Mittelalter modern. Ursprünglich waren sie mit Edelsteinen verziert, aber nachdem sich die englische Königin Mary 1554 bei ihrer Hochzeit mit Philip II. von Spanien für einen schlichten Goldring entschieden hatte, avancierte diese Art zum *Dernier Cri*, ein Schrei übrigens, der bis heute nachhallt. Schlichtheit gleich Klarheit, könnte man sagen. Der schlichte Ring ohne großes Edelstein-Gedöns als Ausdruck reiner Zuneigung und Liebe. Wahre Liebe braucht keine Juwelen.

Der Ring ist als geschlossener Kreis ohne Anfang und Ende ein Symbol der Dauer, der Ewigkeit. Daneben ist er auch ein Zeichen für (eheliche) Verbindung, Treue und Zugehörigkeit zu einer Gemeinschaft.

Ein Aspekt des Ringes, nämlich seine Endlosigkeit, die man auch als permanente Wiederholung betrachten kann, blieb bislang wenig bedacht. Der Kreis kann eben auch ein Sinnbild für die nicht enden wollenden Bemühungen sein, für Wiederholung, Festsitzen im Hamsterlaufrad. Ein anderer Aspekt des Ringes ist der der Offenheit, des Durchgangs. Inmitten des begrenzenden Ringmaterials ist es durchgängig, offen. Optimierung braucht Offenheit für Anregungen, Ideen, Neues.

Ringleins redlicher Rat

Ring frei für eine neue Runde im Ringen um Optimierung, sei es auf privater oder geschäftlicher Ebene. Trauen Sie sich und vollenden Sie einmal Begonnenes. Das Ganze ist mehr als die Summe seiner Teile.

Bärtschi Bonmot

Schiebt sich der Mond vor die Sonne, so leuchtet einen kurzen Moment lang der größte Diamantring am Firmament auf, entstanden durch himmlische Verbundenheit, Hochzeit der Gegensätze in einem Strahlenkreis vereint! Anders ausgedrückt: Schiebt sich zuviel Emotion vor die Klarheit, kann die Verbindung getrübt werden.

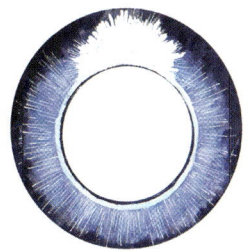

Ein Buch mit sieben Siegeln – besonderen Siegeln, wenn Sie genau hinsehen. Die sieben Siegel stellen die sieben Chakren dar, Energiezentren im menschlichen Körper, charakterisiert mit ihren typischen Farben. Zuunterst das rote Wurzel- oder Basis-Chakra, der Sitz der höchsten Energie Kundalini, die nach ihrer Erweckung aufsteigt und alle anderen Chakren der Reihe nach aktiviert. Dabei werden neben einem stetig wachsenden Glücksgefühl auch zunehmend besondere Kräfte frei, bis beim Erreichen des siebten Chakras, des Scheitel-Chakras, die höchste Glückseligkeit und die höchste Stufe des bewussten Seins erreicht wird. Durch Übung können Sie es lernen, das Buch des Lebens zu lesen

 ## Geheimnis, tiefe Einsichten

Mit jedem neuen Lebenstag beginnt ein neues Kapitel, dessen Ausgang vielleicht erst am Abend oder noch später klar wird. Manche Kapitel schreibt man immer wieder um, andere wiederholen sich ständig (Fehler, die man immer wieder begeht, aus denen man also nichts lernt). Dieses Buch befindet sich im Entstehungsprozess – ein Buch, das entsteht, während man versucht es zu lesen. Das klingt nach Geheimwissenschaft und nicht von ungefähr steht das Buch in der traditionellen Lenormand-Deutung für das Geheimnis. Wer die schützenden Siegel des Buches öffnet, kann alle Geheimnisse der Welt entschlüsseln, so die Vorstellung. So gesehen steht das Buch für die Ganzheit des Menschen, ja als Symbol für das Universum. Das meinte auch Heinrich Heine, als er sagte: »Von allen Welten, die der Mensch erschaffen hat, ist die der Bücher die Gewaltigste.« Bücher stehen symbolisch für Weisheit und Wissen, für Belesenheit und Gelehrsamkeit. Und – jedes Buch ist eine Welt für sich, so wie Sie selbst auch.

Bücher findet man selten allein. So wie der Mensch sich in Gesellschaft befindet, so befinden sich Bücher im Regal, in einer Bibliothek. Erst die Vielzahl der je einzigartigen Bücher bildet diese Bibliothek, so wie die Gesellschaft erst durch die Vielzahl der menschlichen Individuen entsteht. Darin ist jeder einzelne wichtig. Versuchen Sie Ihren eigenen Sinn, Ihren Eigen-Sinn im Leben zu finden bzw. zu definieren. Je mehr Sie sich darin üben, desto lebendiger werden die Energien und vielleicht schaffen Sie es eines Tages, auch das siebte Siegel zu knacken… Das wäre das Happy End jeden Lebensbuches!

Sie schreiben aber nicht nur an Ihrem eigenen Lebensbuch, Sie sollten auch konkret die Bücher anderer lesen, das heißt, Erfahrungen, die andere niedergeschrieben haben, nachvollziehen, ohne sie selbst gegebenenfalls selbst durchleiden zu müssen und so daraus zu lernen. Aber auch hier gilt die buddhistische Regel: Erst prüfen, dann glauben. Nicht alles was schwarz auf weiß geschrieben steht, ist auch wahr oder hilfreich.

Buches bibliophile Belehrung

»Kein gutes Buch oder irgendetwas Gutes zeigt seine gute Seite zuerst«, schrieb der schottische Essayist und Historiker Thomas Carlyle im 19. Jahrhundert oder anders gesagt: Bewerte nie ein Buch nach seinem Deckel. Das heißt für hier und heute: Auch wenn es momentan nicht danach aussieht – noch sind Sie nicht am Ende des Buches angekommen, noch ist auch ein Happy End möglich. Erforschen Sie Ihre Talente, Ihre Wünsche, Ihre Ängste und versuchen Sie so die Geheimnisse Ihres Lebens zu enthüllen.

Bärtschi Bonmot

Das Buch des Lebens steht für die Ganzheit des Menschen. Die sieben Siegel sind die Chakren, Zugänge zu tiefer Weisheit in uns, welche zuerst sorgsam geöffnet werden müssen. Das Buch birgt tiefe Weisheit über uns Menschen und die Geheimnisse des Lebens. Die sieben Siegel bewachen es gut!

»Kommt ein Englein geflogen, setzt sich nieder auf mein' Fuß, hat ein Zettel im Händchen, von der Mutter einen Gruß.« So könnte man bei dieser Karte ein bekanntes Kinderlied (nun gut, da ist's ein Vogel – Flügel haben sie aber beide…) frei variieren. Aus rosaroten Himmelshöhen rauscht dieses Engelchen herbei und bringt einen versiegelten Brief. Was steht da wohl drin? Kann ja eigentlich nur etwas Positives sein.

Symbolisch betrachtet gibt der *Brief* nicht viel her. Er versinnbildlicht das, was er ist: ein Mittel der Kommunikation. Allerdings ein geradezu archaisches. Wann haben Sie zuletzt einen Brief geschrieben? Sind Sie auch einer dieser *modernen* Menschen, die lieber simsen, e-mailen oder telefonieren? Geht ja viel schneller, sagen Sie? Richtig, aber wird es dadurch auch besser, gründlicher, tiefer? Mit dem Kommunizieren ist es wie mit dem Reisen. Man saust in einem Affentempo durch oder über die Landschaft von A nach B und bekommt von der Gegend dazwischen gar nichts mehr mit, geschweige denn von den dort Lebenden. Früh morgens in Hamburg, eine Stunde später schon in München – dazwischen liegen 800 Kilometer Nichts. Alles dazwischen *bleibt* buchstäblich *auf der Strecke*. Ähnlich beim Kommunizieren. Der Inhalt ist wichtig, die *message*. Kurz, präzise, klar.

Neuigkeiten, Austausch, Kommunikation

Mangels Landschaftsgenuss im ICE könnten Sie ja einmal die Handy-Gespräche anderer belauschen. Tut man zwar nicht, aber manch ein Zeitgenosse brüllt ja derart in das Mikrokläppchen, dass man gar nicht anders kann als zuzuhören. Haben Sie da schon mal *kurze, präzise, klare* Mitteilungen gehört? In der Regel teilen sich die Leute überflüssigen, absurden und völlig zweckfreien Müll mit. Nichts Durchdachtes, nichts Strukturiertes, nichts ästhetisch Aufbereitetes – wie es ein Brief ermöglicht und geradezu fordert. Für einen Brief muss man sich Zeit nehmen, das, was man sagen will, zuvor durchdenken, um es nachvollziehbar niederzuschreiben (der Leser kann ja nicht nachfragen). Dazu bedarf es einer Struktur, einer lesbaren Schrift. Soviel Aufwand zwingt auch zu einer gewissen Ökonomie. Da wird sicher sehr viel weniger Kommunikationsmüll transportiert als über SMS und E-Mail. Miteinander kommunizieren ist eine Kunst, ein ästhetischer Genuss. Schließlich teilt man sich selbst jemand anderem mit. Das ist doch nicht nebensächlich! Ein schöner Brief ist ein urpersönliches Geschenk an jemanden, den man wertschätzt! Oder warum freuen Sie sich so, wenn Sie einen handgeschriebenen Brief im Kasten finden?

Briefes befruchtende Botschaft

Entdecken Sie die Langsamkeit – schreiben Sie doch mal wieder einer lieben Freundin oder einem lieben Freund einen ganz persönlichen Brief. Das macht Ihnen beim Auswählen des passenden Papiers und beim Schreiben Spaß und dem Empfänger schon beim Bekommen und erst Recht beim Lesen. Gehen Sie in sich und holen Sie mit Bedacht aufs Papier, was Sie zu sagen haben. Teilen Sie sich mit. Mitteilen heißt nicht nur Inhalt vermitteln, sondern es heißt miteinander etwas teilen!!

Bärtschi Bonmot

Hier kommt ein Englein geflogen, ein kleiner Götterbote und überbringt dir eine Botschaft, eine Neuigkeit. Entweder von außen oder eben auch von innen. Das Englein fordert dich auf: Höre auch auf deine eigene Botschaft, die von innen kommt!

»Wann ist ein Mann ein Mann… « Diese Songfrage von Herbert Grönemeyer sollten Sie bei dieser Karte immer im Hinterkopf haben und gelegentlich auch für sich selbst zu beantworten versuchen. Dies gilt insbesondere heute, wo jahrhunderte- und Jahrtausende alte Rollenvorstellung vom Mann mehr und mehr ins Wanken geraten sind. »Neue Männer braucht das Land« (wieder ein Songtextrefrain, diesmal aus einem Lied von Ina Deter) ist nicht nur eine Forderung der Frauenbewegung – es ist ein Erfordernis der neuen Zeit, weil die Herausforderungen einfach andere geworden sind. Und da sich die allermeisten grundlegend die Welt verändernden Vorgänge erst in den letzten hundert Jahren abgespielt haben (Auto, Flugzeug, Atomkraft, Computer etc.), sind Männer (ebenso die Frauen) gezwungen, unser Selbstverständnis neu zu definieren. In der traditionellen Lenormand-Deutung gilt noch das klassische Rollenverständnis von vor über hundert Jahren, der Zeit, in der die Karten entstanden. *Frau* neben *Mann* = Hochzeit, *Kind* in der Nähe = Schwangerschaft und glückliche Familie.

Mann, Vater, männlich

In der Symbolik verkörpert der Mann bzw. der Herr Aspekte wie Autorität, Macht und Herr-Schaft. Dies insbesondere natürlich in den patriarchalisch dominierten Kulturen, in denen in der Regel Frauen dem Manne untergeordnet wurden/werden. Der Mann galt/gilt hier als *Krone der Schöpfung*. Das spiegelt sich entsprechend auch in der christlichen und der islamischen Religion (»Der *Herr* ist dein Gott…«).

Viele Worte unseres deutschen Sprachschatzes lassen sich direkt oder indirekt auf *Mann* und *Herr* zurückführen: *man(n)* tut dies oder jenes, *Herr*schaft, *herr*lich (*däm*lich in diesem Zusammenhang als negatives Pendant zu *herr*lich aufzufassen wäre zynisch…), um nur einige wenige Beispiele zu geben. Tatsächlich hat der Herr/Mann symbolisch mit Herrschaft, mit Beherrschung und Selbstbestimmung zu tun. In der analytischen Psychologie verkörpert der Mann den *Animus*, unsere männliche Seite eben, die wiederum sehr von unserem Vaterbild geprägt ist.

Judith Bärtschi setzt ihren Mann in einen bunten, von der Sonne (männliches Prinzip) beschienenen Garten und lässt ihn Flöte spielen. Die Pantoffeln hat er ausgezogen (kein *Pantoffelheld* also, oder doch?) und vor ihm steht ein Kelch (weiblicher Aspekt) auf dem Tablett. Wichtig ist das Zusammenspiel (im wahrsten Sinne des Wortes) der beiden Karten 28 *Herr* und 29 *Dame*: Er ist frei, sie ist frei. Jeder spielt sein Instrument, beide zusammen aber spielen ein wunderbares Lied…

Lesen Sie unbedingt auch den Text zur Karte 29 *Dame* in diesem Zusammenhang. Vieles, was dort steht, gilt entsprechend auch hier und umgekehrt!

Herrchens herrlicher Hinweis

Tun Sie nicht, *was ein Mann tun muss* – tun Sie lieber, was Sie wollen! Setzen Sie sich (auch als Frau) mit Ihren *männlichen* Eigenschaften auseinander: Männerbild, Vaterbild, Bild von sich selbst. Wie gehen Sie aktuell mit Themen wie Autorität, Beherrschung, Selbstbestimmung um? Sind Sie *Herr* Ihrer selbst?

Bärtschi Bonmot

Der Herr spielt Flöte, die Dame trommelt den Rhythmus. Zusammen erklingt eine schöne und unendliche Melodie.

> *Willst du ein artig's Männlein sein, so musst du deine Liebste loben,*
> *und sei sie noch so sehr verschroben…*[14]

❁ ❁ ❁ ❁
[14] Hier und entsprechend bei Karte 29 *Dame* wird ein Gedicht von Robert Walser zitiert.

29 Dame / Frau

Das Pendant zum *Herrn* ist die *Dame*. Auch sie sitzt in einem Blumengarten und spielt ein Instrument. Hier ein Tamburin: Sie gibt also den Takt an, er spielt seine Melodie darüber. Über ihr scheint ein körbchenartiger Sichelmond, das aufnahmebereite weibliche Prinzip. Ihr Instrument stellt den Vollmond dar und damit haben wir zwischen Sichel- und Vollmond den ganzen weiblichen Zyklus versinnbildlicht, der wiederum für Fruchtbarkeit steht. Vor ihr ein ähnliches Tablett mit Kelch und Leckereien, wie bei *Mann* auf Karte 28. Fünf Kerzen beleuchten die Szenerie wie ehedem vor Erfindung der Elektrizität Kerzen die Schaukastenbühnen beleuchteten. Die Kerze wiederum ein männliches Attribut, ebenso wie das Dreieck, welches die Dame als Ohrschmuck trägt.

 ## Frau, Mutter, weiblich

In der Symbolik steht die Dame/Frau (natürlich) für das weibliche, gebärende Prinzip. Als solche ist auch ihre Bedeutung in der analytischen Psychologie definiert. Der nächtliche Himmel mit dem Mond verbindet diese Dame mit all den weiblichen, *lunaren* Aspekten, die mit dem Mond in Zusammenhang stehen, der großen Muttergöttin, den unbewussten, emotionalen und instinktiven Kräften (im Gegensatz zu den rationalen, solaren Kräften). Sie verkörpert das asiatische Yin (der Mann das Yang).

Beide Karten, 28 *Herr* und 29 *Dame* gehören eng zueinander. Das zeigt sich in den deutlich polar und spiegelbildlich aufgebauten Motiven: Beide sitzen im

Yoga-Sitz mit Rundkissen im Rücken, beide sehen einander an, beide spielen Instrumente (sie ein rundes, *weibliches* – er ein langes *männliches*), beide spielen miteinander, beide haben ein Tablett vor sich mit allerlei Spezereien – kurz, diese beiden Karten gehören untrennbar zusammen, obwohl jede für sich ein eigenes System darstellt – zwei Seiten einer Medaille. Das große Ganze entsteht also erst durch das Zusammenspiel beider. 1 +1 = 3! Das gilt für Frauen und Männer, das gilt aber auch für jeden Einzelnen. Erkenne und Anerkenne als Mann/Frau sowohl deine männlichen wie deine weiblichen Seiten. Wir haben beides in uns und beides ist wichtig. Das eine zu vernachlässigen und das andere überzubetonen stört die Harmonie des Ganzen.

Lesen Sie unbedingt auch den Text zur Karte 28 *Herr* in diesem Zusammenhang. Vieles, was dort steht, gilt entsprechend auch hier und umgekehrt!

Frauchens freimütiges Fazit

Wann ist eine Frau eine Frau…? Setzen Sie sich mit Ihren weiblichen Eigenschaften auseinander (das gilt natürlich auch für Männer). Was erwarten Sie von sich als Frau, wie wünschen Sie sich zu sein? Setzen Sie sich auch mit Ihrer Mutter bzw. Ihrem Mutterbild auseinander. Zeigen Sie oder beschäftigen Sie sich mit Ihren weiblichen Fähigkeiten: Flexibilität, Gefühl, Fürsorglichkeit, Mütterlichkeit und so weiter.

Bärtschi Bonmot

Die Dame schlägt den Takt, ihr Angebeteter spielt auf der Flöte, Melodie des ♥ens.

Willst eine brave Frau du sein, so darfst du nicht ermatten,
Mitleid zu haben mit dem Gatten…

Bärtschis Blumen sind offenbar allesamt sehr musikalisch: So wie der Klee die Klampfe krault, so greifen auch die Lilien in die Saiten. Zumindest die eine von den beiden, die andere, linke, scheint zu dirigieren, den Takt anzugeben oder genießend im Takt zu schwingen. Ein Liedchen, ein Tänzchen in aller Unschuld. Und damit ist auch schon die symbolische Hauptbedeutung der Lilien, insbesondere der weißen Madonnenlilie genannt: Unschuld, Reinheit, Keuschheit, das Licht, ja das Heilige an sich. Diese Bedeutung tragen die *Lilien* schon seit fast ewigen Zeiten. Schon lange bevor das Christentum die Lilien zu höchsten symbolischen Weihen erhob, war die weiße Blume in gleicher Bedeutung Attribut fast sämtlicher jungfräulicher Göttinnen, aber auch fast aller Muttergottheiten.

Schutz, Hilfe, Unschuld, Tugend, Glück

Die ältesten Liliendarstellungen stammen aus der Zeit um 3000 v. Chr. von der Insel Kreta und sind der Muttergöttin Britomartis zugeordnet, eine der zahllosen Zeus-Töchter und Göttin der Fischer, Seeleute und Jäger. Der Lieblichen, nichts anderes bedeutet Britomartis, ist die vielleicht lieblichste Blüte von erhabener Schönheit gewidmet. Ähnliche Weihen wurden nur der Rose im Abendland und dem Lotos in Ägypten und im Orient zuteil. Man kann sogar sagen, was in der Symbolik der Lotos für den Osten, ist die Lilie für den Westen. Aus etwas späterer Zeit (um 2500 v. Chr.) stammen Lilienabbildungen auf Sarkophagen einiger Pharaonen. Die Lilie hat also auch schon sehr früh ihre Funktion als königliche Insignie übernommen und diese bis heute beibehalten, etwa in Gestalt der *Fleur-de-Lis* (manchem vielleicht als Bourbonen-Lilie besser bekannt) der französischen Könige, welche diese seit dem 8. Jahrhundert in der Krone und seit dem 12. Jahrhundert auch im Wappen führten. Damit symbolisiert die Lilie das Herrschertum als solches, Würde, Macht und Recht.

In der christlichen Ikonographie kommt kaum eine Heilige oder Märtyrerin ohne Lilie aus, allen voran natürlich die Gottesmutter Maria. Weil sie von Gott als Mutter seines Sohnes auserwählt wurde, ist die ihr zugehörige Lilie auch ein Zeichen der Erwählung. Gabriel, der Verkündigungsengel, tritt beispielsweise mit einer Lilie in der Hand zu Maria und teilt ihr mit, dass sie die Auserwählte sei.

Und doch gab es eine Göttin, welche diese so überirdisch schöne Blume derart hasste und verabscheute, dass sie sie mit einem riesigen, an einen Eselsphallus erinnernden *Stempel* in der Blüte verunstaltete: Aphrodite, die Göttin der (fleischlichen) Liebe. In manchen Lenormand-Handbüchern wird diese Blume mit Erotik in Verbindung gebracht, wohl wegen dieses überdeutlich herausragenden *Stempels*. Mir etwas unverständlich, denn was könnte unerotischer sein, als die frostig-kühle, geradezu abweisende Reinheit, als diese fast arrogant aufrechte Erhabenheit der Madonnenlilie?

Liliens löblicher Leitspruch

»…wäscht nicht nur sauber, sondern rein…« Nehmen Sie die *Lilien* ruhig ganz praktisch: Machen Sie mal wieder gründlich sauber, machen Sie reinen Tisch mit sich und mit anderen. Fegen Sie hinweg, was Sie schon lange nervt. Ansonsten genießen Sie heute einfach die Schönheiten des Lebens. »Lernt von den Lilien, die auf dem Felde wachsen: Sie säen nicht und sie ernten nicht…« (Mt. 6, 28).

Bärtschi Bonmot

Sie ist das Attribut der Muttergöttin, sie leuchtet im Dunkeln, sie ist die Lilie auf dem Felde, frei und unabhängig. Horche auf den zarten Klang der Lilie, was flüstert sie dir zu? Erfreu dich an der Schönheit des Lebens, reinige dich vom täglichen Ballast und öffne dich. Siehe was dir blüht!

»On the sunny side of the street« zu gehen, war nicht nur ein Wunsch eines sehr berühmten Liedes aus den 1930er Jahren, sondern ist auch der Wunsch der meisten Menschen von heute. Ein sonniges Gemüt zu haben, gnadenlos optimistisch zu sein, immer das Gute zu sehen, gehört heute schon fast zur schlüsselqualifikatorischen Grundausstattung *erfolgreicher* Menschen. Die Wetteraussichten sollten bevorzugt *heiter* und *sonnig* sein. Schließlich will ja auch die teure Gucci-Sonnenbrille präsentiert sein.

In unseren Breiten wird die Sonne geliebt, ja fast schon angebetet. Zahllose spärlich oder gar nicht bekleidete Damen und Herren opfern ihren bleichen *corpus delicti* allsommerlich auf den Sand-Altären mediterraner oder einheimischer Strände. Früher wurde die Sonne (die nur bei uns *die*, also weiblich, allüberall sonst aber *le soleil* oder *il sole*, also männlich ist) tatsächlich als Gott verehrt, etwa in Ägypten als Sonnengott Re, aber auch im Schintoismus usw. Ähnlich erging es auch ihrem nächtlichen Pendant, dem Mond (siehe dort).

Lebenskraft, Energie, Motivation, Optimismus, Wärme

Ohne die Sonne gäbe es kein Leben auf der Erde. Sie ist der energetische Motor unseres Planeten. Und wenn einmal die Erdölvorräte erschöpft sind, so in 40–80 Jahren, dann wird sie auch als praktischer Energielieferant immer bedeutsamer. Die Sonne ist untrennbar mit Wärme, Licht und dem Element Feuer verbunden. Sie gilt symbolisch als das Leben spendende Prinzip. Ihr scheinbarer Umlauf um die Erde (in Wirklichkeit rotieren ja wir um sie) diente schon früh als Grundlage für Kalendersysteme (entsprechendes gilt wieder für den Kollegen Mond). Die Sonne geht morgens auf (bei uns im Osten) und abends unter (bei uns im Westen). Dann ist Wachablösung und der Mond tut seinen nächtlichen Dienst. Da dieser Wechsel fast so sicher wie das Amen in der Kirche ist und schon seit Jahrtausenden fast fehlerfrei funktioniert (von einzelnen Sonnenfinsternissen einmal abgesehen), versinnbildlicht die Sonne die Erneuerung und Wiederauferstehung und damit die Unsterblichkeit.

Ähnlich wie Mann und Frau verkörpert die Sonne das männliche (s. o.) und der Mond das weibliche Prinzip. Mit der Sonne (im Genetiv passt es fast wieder) werden Begriffe wie väterliche Autorität, Willenskraft, Vitalität, Ruhm und Sieg in Verbindung gebracht. Auch der *schöne Schein*, die äußere Wirkung also (etwa bei den astrologischen Sonnen-Zeichen Löwe und Widder). Was wir so schätzen, ist andernorts eher bedrohlich. Trockenheit, Dürre und deren Folgen (Waldbrände etc.) kommen aber auch bei uns aufgrund des Klimawandels immer häufiger vor. Das Ozonloch zwingt uns, die Haut vor den nun stärker durchdringen UV-Strahlen zu schützen. Und noch eins: Schauen Sie nie direkt und ungeschützt in die Sonne: Sie erblinden!

Sonnes sinniger Slogan

Die Sonne bringt es an den Tag. Jetzt zählen Ihre Willenskraft und Ihre feurige Energie. Machen Sie Heu, solange die Sonne scheint: *Carpe diem! Nutze den Tag!*

Bärtschi Bonmot

Die güldene Sonne bringt Freude und Wonne! Sie überstrahlt die Erde mit ihrer Bedingungslosigkeit, Lebenskraft. Zuviel des Guten kann aber auch ins Gegenteil schlagen, kann zu einer Austrocknung und Dürre führen.

»Guter Mond, du stehst so stille…« Der Mond – etliches, was schon für die *Sonne* (Karte 31) gesagt wurde, gilt auch für den *Mond*. Die das weibliche Prinzip verkörpernde nächtliche Schwester (über die grammatischen Merkwürdigkeiten der deutschen Sprache hinsichtlich Sonne und Mond können Sie bei Karte 31 *Sonne* einige Bemerkungen finden) bildete in ihren zyklischen Rhythmen ebenso die Basis zahlloser (Mond-)Kalender. Man kann sogar ganze Kulturen nach *solar* (sonnenbezogen) und *lunar* (mondbezogen) aufgliedern. Die alten Ägypter beispielsweise hatten ganz klar eine solare Kultur, die Kelten und Germanen dagegen eher eine lunare Kultur. Noch in unserer modernen deutschen Sprache kann man dies nachlesen: Das Wort *Monat* stammt, ebenso wie das Wort *Montag* (die Sonne hat natürlich auch ihren eigenen Tag, den *Sonntag*; beide Wochentagsnamen gehen auf vorchristliche Bezeichnungen zurück), vom althochdeutschen *māno*, Mond, ab. Der Monat umreißt dabei zeitlich einen Mondzyklus, d. h. die Zeit zwischen zwei Neumonden. Dieser Zeitraum stimmt wiederum fast genau mit dem monatlichen Regelzyklus der Frau überein – auch das ein Grund, warum der Mond das weibliche Prinzip verkörpert.

Unterbewusstsein, Anregung, Gefühl

In den letzten Jahren gibt es eine starke Rückbesinnung auf alles *Lunare*, die Vielzahl an Mondkalendern, Büchern zum Thema »Gärtnern nach dem Mond« usw. zeugen davon. Das mag mit einer Rückbesinnung auf alte Tradition zu tun haben, vielleicht auch mit dem Bedürfnis, sich an natürliche Zyklen rückzubinden. Auch die Popularisierung heidnischer Weltanschauungen (Wicca, Hexen, Druiden etc.) mit ihren starken *lunaren* Elementen, mag dazu beitragen. Der Mond ist also in!

Als Symbol verkörpert er wie gesagt das Weibliche, das passiv Fruchtbare, aber auch das Unbewusste. Seine stete Wandlung (Vollmond, abnehmender, zunehmender Mond) macht ihn auch zum Sinnbild der Lebenszyklen. Sein physischer Einfluss auf Mensch und Umwelt (Gezeiten, Mondsüchtigkeit) ist wissenschaftlich erwiesen. Wie hier auf der Karte ist uns der Mond milde lächelnd zugeneigt. Und es gibt Menschen, die dem Mond mehr zugeneigt sind als andere, z. B. die Mondsüchtigen. Auch Angehörige mondbeeinflusster Tierkreiszeichen wie etwa Krebse, *spüren* meist eine große Affinität zum Mond. Selbst wenn es sich praktisch nur in ihren *lunarischen Launen* widerspiegelt. Sehr häufig spüren Sie Schwingungen eher als andere, fühlen unbewusst, wenn etwas nicht stimmt oder sich anbahnt.

Mondes merkwürdige Maxime

Merkwürdig heißt hier natürlich *des sich Merkens würdig* und nicht etwa *zum Lachen komisch*. Hören Sie auf Ihren Bauch, Ihre Gefühle, Ihren Urinstinkt. Lassen Sie sich von emotionalen Wechselbädern nicht aus der Ruhe bringen: Himmelhoch jauchzend – zu Tode betrübt und das innerhalb von fünf Minuten, ein geradezu mondtypischer Zustand. Beschäftigen Sie sich mit Ihrem Unterbewusstsein und lernen Sie es zu verstehen. Träume und Ahnungen sind wichtige Hinweise.

Bärtschi Bonmot

Diese Karte malte ich bei Vollmond im Dezember 2006. Lächelnd blickt die Mondfrau auf das Wasser, und Wellen schlagen ihr Licht ans Ufer. Widme dich deiner tiefen, emotionalen Seite! Sei offen und lass es zu...

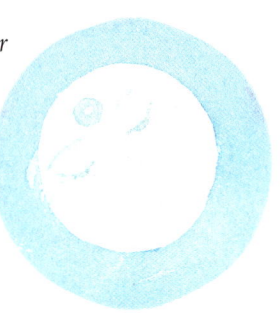

Ein scheinbar schlichtes Bild: Ein Schlüssel mit einem keltischen Unendlichkeitsknoten, auch Liebesknoten genannt, mit einer Lotosknospe sowie einem offenen Herz als Bart, gehalten von einer Hand im Gestus der Jnana-Mudra. Was kommt hier alles zusammen – das, was zusammen gehört!

Der Schlüssel hat in der abendländischen Symbolik mit der Macht des Schließens und Öffnens, des Bindens und Lösens zu tun (so etwa die Bedeutung des silbernen und goldenen Schlüssels im Papstwappen), ist also ein Macht- und Herrschaftssymbol (Schlüsselgewalt). Ein Schlüssel eröffnet Zugänge oder verschließt Wege.

Schließen, Öffnen, Neubeginn, innere Werte, Sicherheit

Parallelen finden wir beim Knoten – auch er symbolisiert das Binden und Lösen (Knoten im Taschentuch von Bräuten – der gordische Knoten als Lösungsaufgabe, die nur mit unorthodoxen Mitteln erledigt werden kann). Genau genommen ist der Knoten auch das Abbild eines Labyrinths und des Fadens, der uns wieder aus ihm heraushilft.

Der Knoten ist auch eines der acht buddhistischen Symbole (acht Kostbarkeiten) und steht dort für langes Leben und Unendlichkeit. Der Knoten steht aber auch für schwer- oder scheinbar unlösbare Probleme, für die es nur den richtigen Schlüssel braucht… Vielleicht eine Lösung, die von Herzen kommt, die mit Herz, mit Mut, Überzeugung und Gefühl angegangen werden sollte (Herz im Schlüsselbart).

Die Lotosblüte verkörpert ebenso das sich Öffnen (bei Sonne) und sich Schließen (bei Sonnenuntergang).[15]

Die Fingergeste heißt in der Tauchersprache »alles o. k.« Als so genannte Jnana-Mudra, eine rituelle buddhistische Fingergeste, soll sie regelmäßig angewandt die Intelligenz erhöhen, den spirituellen Horizont erweitern und auch noch gegen Gedächtnisschwäche und Schlaflosigkeit helfen. Sie stimuliert Kreislauf, Nervensystem und Gehirn – und damit Schlüsselfunktionen des Körpers und des Geistes. Ahnten Sie derart Komplexes in diesem schlichten Bild? Und wir haben noch lange nicht alle der vielfältigen *Schlüsselfragen* beantwortet. Sie haben den Schlüssel selbst in der Hand – schließen Sie los! Erschließen Sie sich die Welt!

Schlüssels schlüssiges Schlagwort

Me is key – so heißt einer der Megatrends der Gegenwart. Kümmere dich um mich – die Sehnsucht aller globalisierten Menschen. Die Industrie antwortet mit Wellness-Produkten. Der Schlüssel bin ich selbst – in mir finde ich die Antworten, die Lösungen für das, was mich beschäftigt. Besinnen Sie sich auf sich, Ihre Fähigkeiten, Ihre Schlüsselqualifikationen – und eröffnen Sie sich neue Wege, neue Sichtweisen. Schließen Sie weg, was Sie hindert, und geben Sie eines nie aus den Händen: die Schlüsselgewalt über Ihr Leben!

Bärtschi Bonmot

Der Schlüssel trägt den Unendlichkeitsknoten, er birgt die Ewigkeit, das Unergründete. Sich diesem Rätsel zu nähern, gelingt erst über die Weisheit des ♥ens. Über die neutrale Ebene des ♥ens können wir die Rätsel des Lebens zwar nicht verstehen, aber doch irgendwie begreifen. Nur Du allein hast den Schlüssel in der Hand.

❃ ❃ ❃ ❃

[18] Die Lotos-Symbolik ist noch wesentlich umfangreicher. Dies alles aber hier aufzuführen, würde den Rahmen mehr als sprengen. Erschließen Sie sich die ganze Lotos-Symbolik bitte mit Hilfe eines guten Symbol-Lexikons.

Was haben Fische und Menschen gemeinsam? Sie brauchen Wasser. Menschen eher innerlich, Fische eher äußerlich (wenngleich es durchaus einige Menschen gibt, denen eine äußerliche Wasseranwendung auch nicht schaden würde…). Was für die einen lebensnotwendige Sphäre ist, ist für die anderen im positiven Sinne reinigend und badespaßig, im negativen Sinne tödlich. Holt man einen Fisch aus seinem Element, muss er ebenso sterben, wie ein Mensch, den man nicht mehr aus des Fisches Element herauslässt. Beiden geht nämlich die Luft aus. Zwei Lebenssituationen, die unterschiedlicher kaum sein könnten, und doch beide vom Wasser geprägt.

Einsicht, überfluss

Fische sind im Wasser zu Hause. Symbolisch betrachtet steht ihre Heimat für Seele und Emotion. Wasser bedeutet Lebenskraft, spirituelle Tiefe und Unbewusstsein. Fische symbolisieren Boten des Unbewussten, da sie aus den Tiefen aufsteigen, sichtbar und sogar greifbar werden, wenn sie nämlich einem Fischer ins Netz oder an die Angel gehen. Petrus war zum Beispiel ein solcher Fischer und Christus wird auch als *Menschenfischer* bezeichnet (Buddha übrigens auch).

Daher war der Fisch, lange bevor das Kreuz es wurde, das Erkennungszeichen der Christen. Überhaupt tauchen Fische in der Bibel recht häufig auf. Etwa bei der »Speisung der Fünftausend« (Mt. 14, 12-21), wo ein paar Fische und ein paar Brote sich wunderbar vermehren und alle Anwesenden sättigen. Betrachtet man die (früher) schier unendlich scheinenden Fischmengen der Weltmeere und diese biblische Stelle im Zusammenhang, dann wird auch die Bedeutung *Überfluss* klar. Heute sieht das angesichts der inzwischen leer gefischten Meere ganz anders aus. Da kann man kaum noch einen Seefisch verzehren, ohne das schlechte Gewissen im Hinterkopf zu haben, mit dieser Mahlzeit diesen oder jenen Fisch dem Aussterben etwas näher zu bringen.

So hübsche Fische wie diese hier darf man getrost als Boten positiver Ahnungen, Ideen und Gedanken auffassen. Seeungeheuer hingegen stehen eher für unangenehme und negative Botschaften. Zugleich können aber auch emotionale oder seelische Schätze, Kostbarkeiten des Unbewussten angesprochen sein, die derjenige, der etwa von Fischen träumt heben kann oder sollte. Fische verbinden uns symbolisch mit der verborgenen Welt der Seele und der Gefühle. *Wie ein Fisch im Wasser* fühlt sich derjenige, der voll und ganz in seinen Gefühlen und seinem Seelenleben in Einklang ist.

Die hier fröhlich vor sich hin schwimmenden Fische scheinen aber eher in einem Aquarium heimisch, als im großen Meer. Die rosa Schleierschwänze, die gestreiften Scalare, der verdutzt schauende rote Barsch. Und mindestens drei von diesen sechs Fischen *schwimmen gegen den Strom.*

Fischlis fröhlicher Flossenzeig

Achten Sie auf die Botschaften aus Ihrem Unbewussten – achten Sie auf Träume, plötzlich in Ihnen aufwallende Gedanken, Ideen, Ängste. Versuchen Sie, solche Dinge fest zu halten – es sind hilfreiche Flossenzeige, die zur Lösung von Problemen und zur Bestimmung Ihres eigenen Lebensweges wesentlich beitragen können. Hören Sie auf Ihren Bauch. Der sagt Ihnen, wann es besser ist, mit den Wölfen zu heulen und wann gegen den Strom zu schwimmen.

Bärtschi Bonmot

Das Meer voller bunter Fische, Symbole für Reichtum (auch auf seelischer Ebene) und für Fülle. Schillernde Seelenaspekte.

Sähe doch das Meer überall so heil aus, wie hier, wo jemand den Anker geworfen hat. Üppige Korallengärten, Seegraswiesen, Fischschwärme…

Anker gehören zum Schiff, wie ein Verbandkasten zum Auto – sie sind nicht nur Pflicht, sondern auch im Bedarfsfall lebensrettend. Anker werden in der Seefahrt dort eingesetzt, wo es keine andere Möglichkeit gibt, *festzumachen*. Anker halten, so sie dann auch wirklich gut verankert sind (und sie keinen Treibanker verwenden, der bremst nämlich nur) ein Schiff an einer Stelle fest und verhindert das Abtreiben.

Diese praktische Funktion des schon seit dem 6. vorchristlichen Jahrtausend bekannten Seemannsutensils bedingt auch dessen symbolische Bedeutung. Anker versinnbildlichen Sicherheit, Halt, Vertrauen, Zuversicht und Hoffnung. Seeleute aller Epochen haben die Meere in ihrer Janusköpfigkeit kennen- und fürchten gelernt. Einerseits gab ihnen das Meer, was sie zum Leben brauchten, Fisch und Arbeit. Andererseits nahm es ihnen oft gerade dieses Leben. Stürme, Monsterwellen, gefährliche Riffe – oft genug hing dabei das Überleben *am seidenen Faden* der Ankerkette. Kein Wunder, dass der Anker eine gewisse Wertschätzung erfuhr.

Sicherheit, Stabilität, Treue, Hoffnung, Wohlstand, glückliche Ehe

Im Christentum war der Anker eines der meistverwendeten Symbole neben dem Kreuz und dem Fisch. Dies ist auf die kreuzförmige Gestaltung eines klassischen Ankers zurückzuführen. So gesehen symbolisiert er die christliche Zuversicht auf eine himmlische Seligkeit, Christus ist dabei der *Haltepunkt* im Leben eines Christen, an dem dieser sich verankern kann (Hebr. 6, 18 ff.).

Haltepunkt, Bezugspunkt, Sicherheit, Geborgenheit – alles wunderbar. Für ein Vorwärtskommen ist ein Anker aber durchaus hinderlich. Er ist also ein bestenfalls zeitlich eingeschränkt einzusetzendes Hilfs- oder Rettungsmittel. Ab und zu muss man sich daher den Gefahren der freien Fahrt aussetzen. Um voranzukommen, muss ein Anker gelichtet werden. Anders gesagt: Bezugspunkte sind für eine Weile sehr hilfreich, dann muss man sich neue suchen. Das Gute an einem Anker aber (ähnlich wie bei einem Maßstab): Man kann ihn mitnehmen! Und wenn man ihn dann wieder braucht, weil's zu schnell geht oder weil man eine *Pause* braucht – dann rein damit ins Wasser.

Apropos Wasser. Dieses symbolisiert die seelischen und emotionalen Aspekte. Ein Anker wird, etwa in der Traumdeutung, als Wunsch nach Halt und Sicherheit im Meer der schwankenden Gefühle gedeutet.

Hatten oder haben Sie nicht auch so ein Sammelarmband, wo immer wieder neue Anhänger angebracht werden? Ein Herz, ein Anker und ein Kreuz gehören zwingend dazu und sind an fast jedem dieser Armbänder zu finden. Herz, Anker, Kreuz – Liebe, Treue, Glauben – der große Dreiklang.

Ankers anspornender Aphorismus

Müssen Sie den Not-Anker werfen, weil Ihnen gerade alles zuviel wird? Haben Sie einen solchen Anker, wenn ja, wie sieht der aus? Ziehen Sie sich ein Weilchen zurück, um zur Ruhe und damit wieder zu Kräften zu kommen. Oder *dümpeln* Sie so vor sich hin? Dann nichts wie hoch mit allen Verankerungen und in die aufregende Seereise gestartet! Sicherheit ist gut und schön, wenn Sie sich aber nur noch angekettet fühlen, dann machen Sie die Leinen los. Tun Sie jetzt, was Sie immer schon mal tun wollten!

Bärtschi Bonmot

Sicherheit, fest verankert sein in den Tiefen deines Selbst, wo der Grund zauberhaft ist und von einer Mannigfaltigkeit strotzt. Hast du den Zugang zu deinen Gründen, wirkt sich das auch in Hoffnung und Sicherheit aus.

Das Typische am Keltenkreuz auf dieser Karte ist der Kreis um den Schnittpunkt der Kreuzbalken herum. Der Kreis symbolisiert die Sonnenkraft und die Ewigkeit (siehe auch *Ring*) und in Kombination mit dem Kreuz als christlichem Symbol steht dieses Keltenkreuz für die Einheit von Himmel und Erde. Das keltische Kreuz war schon vor dem 8. Jahrhundert in Irland verbreitet und ziert noch heute vor allem Gräber. Man findet es im gesamten keltischen Sprachraum (Irland, Schottland, Bretagne usw. und sogar in Schweden (Gotland). Ursprünglich war es ein heidnisches Fruchtbarkeits- und Lebenssymbol, das später *christianisiert*, also christlich umgedeutet wurde. In der heidnischen Funktion stand das Kreuz für die männliche Kraft, der Kreis für die weibliche. Die ursprünglichen Keltenkreuze waren über und über mit Knotenmustern verziert (Symbolik des Bindens und Lösens; siehe auch bei *Schlüssel*). Hier finden sich eine Viererspirale, ein Kreuz aus Kugeln und eine menschliche Figur mit

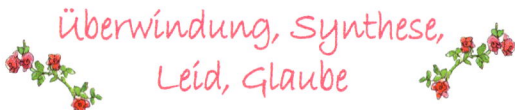

Überwindung, Synthese, Leid, Glaube

ausgebreiteten Armen als Relief auf der Standsäule, alles *Varianten des Themas Kreuz*. An die Unendlichkeitsknoten erinnern die um das Kreuz gewundenen Rosenranken. Die wiederum lassen an Dornröschen denken, die nach langem Schlaf hinter Rosenhecken durch die Liebe erweckt wurde.

Die Kreuzsymbolik ist eine der ältesten überhaupt und zudem weltweit in unterschiedlichen Bedeutungen und Ausformungen (Ankh-Kreuz, Antoniuskreuz,

Andreaskreuz, Koptisches Kreuz etc.) verbreitet. Das Kreuz verbindet zweifach entgegengesetzte Punkte und gilt daher als Sinnbild der Vereinigung der Extreme, als Zeichen der Synthese. Die vier Enden symbolisieren dabei zudem die vier Himmelrichtungen. Der Kreuzpunkt bildet den Schnittpunkt von oben und unten, rechts und links – das fünfte *Ende, die Quintessenz.*

Die Kreuzform wiederum entspricht der des menschlichen Körpers mit ausgestreckten Armen (siehe Figur auf der Standsäule). In der christlichen Kultur steht das Kreuz vor allem für die Leiden Christi. Es symbolisiert hier den Sieg über den Tod und ist nach dem *Fisch* und dem *Anker* das christliche Symbol schlechthin. Die angeführte Leidensthematik schlägt in der klassischen Lenormand-Deutung voll durch – hier steht das Kreuz nämlich als durchweg negatives Zeichen, welches als solches Leid ankündigt und zudem die Aussagen aller neben liegenden Karten negativiert bzw. in ihrer negativen Aussage verstärkt.

Einen wichtigen Aspekt noch, in unserer christlichen Kultur vielleicht den wichtigsten verkörpert das Kreuz: den Glauben. Angesichts dieser Karten könnten Sie sich also auch (mal wieder) mit Glaubensfragen befassen, den Glauben an Gott oder zumindest den Glauben an Ihren Nächsten und sich selbst.

Kreuzes kraftvoller Kernspruch

Leiden heißt passiv ertragen – warum? Entscheiden Sie jetzt, in welche Richtung es weitergeht. Denken Sie an die Quintessenz – vielleicht ist nicht *Entweder-Oder,* sondern *Sowohl-als-Auch* die Lösung. Das Kreuz steht vor allem für eins: Überwindung: seiner selbst, der Umstände, der Situation.

Bärtschi Bonmot

Für mich ist der Schlüsselbegriff nicht einfach nur Leid. Des Menschen Weg führt übers Kreuz, aber wer sagt, dass das Kreuz Leid ist? Die vertikale Achse ist das »Ich bin«, Dein Aufrichten, die horizontale Achse ist das »die ganze Welt umarmen«. Anstelle des Leides konzentrieren wir uns auf die Liebe, die Kraft, die hinter dem Leiden sich verbirgt. Das ICH BIN und das ICH UMARME sind umschlossen von einem Kreise. Durch die Vereinigung der beiden Ebenen (Kreis, Horizontale, Vertikale) können wir Leid in Liebe verwandeln.

Legemuster

In der traditionellen Nutzung der Lenormand-Karten wird für gewöhnlich die Große Auslage, auch das *Große Tableau* oder das *Reihenspiel* genannt, gelegt. Dabei werden alle 36 Karten in vier Reihen zu je acht Karten und einer fünften Reihe mit den übrigen vier Karten offen aufgelegt. Eine Kurzbeschreibung dieser Auslage finden Sie weiter unten.

Grundsätzlich gilt für alle Arten von Auslage, aber auch für das Ziehen der Tageskarte: *Nichts muss, alles kann!* Sie dürfen getrost alle Vorschriften vergessen, die Sie immer wieder als zwingend notwendig beschrieben finden. Ob Sie nun mit der linken Hand ziehen oder der rechten, liegt ganz bei Ihnen. Ob Sie bei Kerzenschein auf Samttüchern legen oder im Sonnenschein auf der Wiese: Tun Sie, was und wie es Ihnen Spaß macht.

Das Einzige, was Sie wirklich beherzigen sollten, ist: Nehmen Sie sich etwas Zeit dazu. Geben Sie sich die Chance, sich kurz aus dem Alltagstrubel zurückzuziehen. Gehen Sie möglichst entspannt und konzentriert mit den Karten um. Das heißt z. B. Radio aus, Kinder auf den Spielplatz schicken, Fenster zu usw. Wenn Sie sich aber auch mit Kindergeschrei und Radiobeschallung konzentrieren können, dann halt *mit*. Es spricht nichts dagegen, wenn Sie für sich ein persönliches kleines Ritual entwickeln. Das macht das (tägliche) Kartenlegen zu einer besonderen, herausgehobenen Zeit, auf die Sie sich freuen können. Ein Muss ist dergleichen aber nicht; es funktioniert auch ohne das.

Das Mischen

Mischen Sie die Karten wie gewohnt und ziehen Sie (verdeckt) die Anzahl Karten aus dem gemischten Stapel, die Sie für Ihre Auslage brauchen. Für alle Auslagen (außer der *Großen Auslage*, da würde es wenig Sinn machen) gilt: Legen Sie die jeweilige Kartenanzahl in der vorgegebenen Reihefolge verdeckt aus und drehen Sie Karte für Karte immer nur die neu um, die Sie gerade betrachten. So sind dann alle Karten der Auslage zum Schlussakkord aufgedeckt und jede hat zuvor die ihr zukommende Aufmerksamkeit erhalten.

Die Quersumme

Sie können bei allen Auslagen (wiederum die *Große Auslage* ausgenommen, da es dort keinen Sinn macht) abschließend eine *Quersummenkarte* berechnen. Diese sagt nichts Neues, fasst aber die Aussage der Auslage noch einmal kurz und prägnant zusammen. Mit der Quersummenkarte können Sie übrigens auch überprüfen, ob Ihre vorigen Deutungen stimmig sind. Wenn die Aussage der Quersummenkarte und Ihre vorigen Deutungen zur Auslage völlig unterschiedlich sind, dann stimmte bei der Deutung etwas nicht bzw. Sie haben etwas Wesentliches übersehen.

Die Quersummenkarten errechnen Sie, indem Sie die Werte der ausgelegten Karten summieren und solange die Quersumme ziehen, bis diese zwischen 1 und 36 (der Kartenanzahl im gesamten Deck) liegt. Als Beispiel nehmen wir die Karten der weiter unten beschriebenen *Dreier-Auslage*. Dort kommen die 33 *Schlüssel* / 22 *Weg* / 16 *Stern* zur Auslage.

$$33 + 22 + 16 = \mathbf{71} \qquad\qquad 7 + 1 = \mathbf{8}\ Sarg$$

Zusammengefasste Aussage der Auslage ist also: Etwas geht zu Ende bzw. muss aktiv beendet werden, damit etwas Neues beginnen kann. Sie werden bestimmte Vorstellungen oder Ideen begraben müssen, dafür aber neue entdecken.

Bevor Sie jedoch mit Auslagen welchen Umfangs auch immer beginnen, sollten Sie sich zunächst mit den Einzelkarten auseinandersetzen. Das geht am besten mit der Tageskarte. Meines Erachtens übrigens überhaupt der sinnvollste Umgang mit Orakel- oder Tarotkarten. Ich praktiziere folgende Regel für mich: Je größer das Problem bzw. je komplexer die Thematik ist, mit dem bzw. der ich mich via Karte auseinandersetzen will, desto kleiner wird die Auslage. Was hilft es mir weiter, wenn ich vor einem Riesenberg von Problemen stehe und mich dann auch noch durch einen Wust von etlichen Karten beißen muss? Da fange ich lieber irgendwo klein an und hangele mich dann Schritt für Schritt voran. Und es ist schon manches Mal geschehen, dass ich mit nur einer einzigen Karte genau die richtige Ausgangsposition gefunden hatte, von der aus ich, und jetzt sind die Damen und Herren im Verstehensvorteil, die mit der Stricknadel umzugehen wissen, den ganzen Problempullover mühelos aufribbeln konnte.

Tatsächlich ziehe ich auch in der täglichen Praxis vorzugsweise die Tageskarte. Ein einzelner weiser Fingerzeig pro Tag ist meines Erachtens mehr wert, als ein vieltöniges Ratschlagsorchester. Aber bitte, auch hier gilt: Finden Sie Ihre eigene Umgangsweise heraus. Wichtig ist, was und wie es *Ihnen* weiterhilft.

Die Tageskarte

Damit ist das Ziehen einer einzelnen Karte gemeint. Die Tageskarte ist ein guter Weg, sich mit relativ wenig Zeitaufwand intensiv mit einem spezifischen Thema zu befassen. Ob Sie die Tageskarte nun morgens als Einstimmung auf den Tag oder als Tagesmotto ziehen, zwischendrin oder am Abend als Rückbesinnung des am Tage Erlebten und Vollbrachten, bleibt Ihnen überlassen. Nehmen Sie sich aber in jedem Falle ein paar Minuten Zeit, in denen Sie ganz ruhig und nur auf die Karte konzentriert sein können. Die Tageskarte sollten Sie selbst ziehen und selbst deuten. Die Thematik, die auf der gezogenen Karte auftaucht, ist dabei wie ein roter Faden, der sich durch den Tag zieht oder gezogen hat.

Beispiel:

Sie ziehen als Tageskarte die 14 *Fuchs*. Da geht es um Schlüsselbegriffe wie Wachsamkeit, Neider, Betrug, Schläue und List, um die Klugheit unserer Instinkte, um Kontrolle der Instinkte. Als Tageskarte regt der Fuchs Sie an, heute besonders aufmerksam bei der Arbeit usw. zu sein, und auf Anzeichen zu achten, dass man versucht, Sie über den Tisch zu ziehen (etwa bei Vertragsverhandlungen). Vertrauen Sie dabei ruhig auf Ihre Instinkte, handeln Sie aber besonnen und lassen Sie sich nicht zu Dingen hinreißen, die Sie lieber hinterher nicht gesagt oder getan hätten.

Dreier-Auslage

Beispielsfrage: Worauf soll ich im kommenden Jahr besonders achten?

1. Karte 33 *Schlüssel* auf Position 1:
   Der Schlüssel steht für einen Neubeginn, innere Werte
2. Karte 22 *Weg* auf Position 2:
   Der Weg steht für eine Entscheidung bzw. Wahl, die getroffen werden muss
3. Karte 16 *Stern* auf Position 3:
   Der Stern steht für Klarheit, Orientierung, den Leitstern

Interpretation der Auslage:

Schlüssel **in der Ausgangsposition 1:** Sie haben die *Schlüssel* für ein erfolgreiches kommendes Jahr selbst in der Hand. Sie sind sozusagen in einer Schlüsselposition. Besinnen Sie sich auf Ihre inneren Werte und Ihre Talente, dann können Sie sich neue Türen, neue Zugänge, neue Wege eröffnen.

Weg **auf Position 2:** Gehen Sie Ihren Lebensweg frohgemut weiter, aber gehen Sie ihn auch aktiv, d. h. lassen Sie sich nicht einfach treiben! Entscheidungen stehen an, treffen Sie sie und drücken Sie sich nicht davor.

Stern **auf Position 3:** Um den richtigen Weg zu finden, brauchen Sie Klarheit und Durchblick. Verschaffen Sie sich die notwendigen Informationen und Kenntnisse. Folgen Sie dabei Ihrer Vision, Ihrem Leitstern. Möglicherweise brauchen Sie auch Hilfen zur Orientierung von anderer Seite (Freunde, Fachleute etc.).

Der Siebener-Weg

Dieses Legemuster spricht den psychologischen Aspekt des Kartenlegens an. Es leitet den Fragenden an, sich selbst intuitiv mit der Lösung für sein Problem auseinander zu setzen. Diese Legeart hilft dabei, die eigenen Gedanken zu ordnen und sich seiner Ziele bzw. der Wege dorthin klarer zu werden.

Alle Karten werden offen, dass heißt mit der Bildseite nach oben ausgelegt. Der Fragende wählt nun intuitiv die Karte aus, die seiner Meinung nach am besten seine eigene Situation ausdrückt. Dann wählt er eine zweite Karte aus, die das Ziel verkörpern soll, auf das er hinarbeiten möchte. Zuletzt wählt er intuitiv fünf Karten aus, die einen Weg von der Ausgangssituation zum Ziel darstellen könnten.

Große Auslage / Großes Tableau / Reihenspiel

Die Karten werden gut durchgemischt. Der Fragende hebt ab und legt die Karten von links nach rechts in Reihen zu je acht Karten aus. Die vier verbleibenden Karten werden beginnend bei der dritten Karte der vierten Reihe unter dieser ausgelegt.

Die Karte 28 *Herr / Mann* steht für einen männlichen Fragenden, die Karte 29 *Dame / Frau* steht für eine weibliche Klientin. Die Deutung der Auslage erfolgt auf Basis der Einzelkartenbedeutungen und der Konstellation der Karten untereinander bzw. zur Signifikatorkarte, sprich zur Karte 29 oder zur Karte 28. Hier kann man grundsätzlich sagen, je näher eine bestimmte Karte der Signifikatorkarte liegt, desto stärker ist die Fragende / der Fragende von deren Bedeutung betroffen bzw. je weiter weg eine bestimmte Karte liegt, desto schwächer ist deren Wirkung auf die Fragende / den Fragenden.

Die Kurzvorstellung der Großen Auslage kann und will hier nicht deren vielfältige Deutungsstruktur erklären, das würde einfach den begrenzten Rahmen dieses Buches sprengen.

Literatur

Biographie

**Dimitriadis, Dicta: Marie-Anne Lenormand. Porträt einer berühmten Seherin
1772–1843**. Aus dem Französischen übersetzt, recherchiert und bearbeitet von Kornelia
Igges. München (Cascada Verlag) 2006.

Literatur zu Karten der Mme. Lenormand

Biwer, Anne L.: Das große Lenormand Wahrsagebuch. Geschichte, Deutung und
Legetechniken mit den traditionellen Wahrsagekarten der Madame Lenormand. Aitrang
(Windpferd Vlg.) 1997

Droesbeke von Enge, Erna: Das Orakel der Mlle Lenormand. Anleitung zur Interpretation
der Mlle Lenormand-Karten. Neuhausen/Schweiz (Urania Vlg.) 1988 / 7. Aufl. 1997

Droesbeke, Erna: Kartenlegen mit Madame Lenormand. Amsterdam (Iris Vlg.) 1998

Dumke, Elke: Mlle Lenormand auf den Punkt gebracht. Hamburg (Corona Vlg.) 1999

Fiechter, Regula Elizabeth: Mystisches Lenormand. 36 Wahrsagekarten nach
Marie-Anne Lenormand gemalt von Urban Trösch. Neuhausen/Schweiz (AGM AGMüller
Urania) 1./2004

Herlert-Schaaf, Dietlind: Mystisches Kartenlegen nach Mlle Lenormand. Hamburg
(Corona Vlg.) 1999

Jösten, Harald: Der neue Schlüssel zu den Karten der Mme. Lenormand. Krummwisch
(Königsfurt) 2./2006

Jösten, Harald: Lenormand – Liebe, Glück, Erfolg. Krummwisch (Königsfurt) 2006

**Kamm, Halina: Emotionales Kartenlegen nach Mlle Lenormand für Freunde, Liebe,
Partner.** Hamburg (Corona Vlg.) 2002

Kamm, Halina: Finanzielles Kartenlegen nach Mlle Lenormand. Job-Karriere-Geschäft.
Hamburg (Corona Vlg.) 2003

**Kamm, Halina: Mystisches Kartenlegen nach Mlle Lenormand für Freunde, Liebe,
Partner.** Hamburg (Corona Vlg.) 2001

Kamm, Halina: Spirituelles Kartenlegen nach Mlle Lenormand. Hamburg (Corona Vlg.)
2002

Leiding-Heinz, Hildegard: Lenormand Wahrsagekarten mit astrologischen Symbolen.
Darmstadt (Vlg. Weiße Reihe) 1./1998

Marquiset, Alfred: La celébre Mlle Lenormand. Paris (?) 1911

Merz, Bernd A.: Wahrsagen mit den Karten der Madame Lenormand.
1) Niedernhausen (Falken) 1992/1994. [Falkenbücherei 1328] mit Abb. aus der
Lenormand-Variante *Blaue Eule* von AG Müller, CH-Neuhausen
2) Niedernhausen (Falken) 1995. Überarbeitete Neuausgabe von 1 mit anderen
Abbildungen. [Falkenbücherei 1480]. Abb. aus einem historischen Lenormand-Deck von
ca. 1840. Set mit denselben Karten.
3) München (Bassermann) o.J. Neuausgabe des Sets Nr. 2.
4) München (Südwest) 2004. Neuausgabe des Sets Nr. 2 bzw. Nr. 3

Renner, Christiane: Arbeiten mit den Wahrsagekarten von Mademoiselle Lenormand (Buch bzw. Set mit Buch und Renner-Lenormand-Karten). Amsterdam (IRIS) 2002
Renner, Christiane: Liebe in den Wahrsagekarten von Mlle Lenormand. Amsterdam (IRIS) 2003
Renner, Christiane: Die Lenormandkarten auf einen Blick. Amsterdam (IRIS) 2004
Renner, Christiane: Karriere in den Wahrsagekarten von Mlle Lenormand. Amsterdam (IRIS) 2005
Röbkes, Marion: Handbuch der Karten-Legetechniken. Die beliebtesten Orakel für Wahrsagekarten. Mit Interpretationen für Tarot, Kipper, Lenormand, Praeciosa, Skatkarten ... Aitrang (Windpferd) 1999
Treppner, Iris: Die Sibylle der Salons. Das Lenormand-Praxisbuch für Menschen von heute. München (Ansata) 2004

Literatur zur Symbolkunde

Bächtold-Stäubli, Hanns: Handwörterbuch des deutschen Aberglaubens. Berlin/New York (de Gruyter) 2000. [10 Bdd.]
Bauer, Wolfgang / Dümotz, Irmtraud / Golowin, Sergius: Lexikon der Symbole. Mythen, Symbole und Zeichen in Kultur, Religion, Kunst und Alltag. München (Heyne) 14./1997
Becker, Udo: Lexikon der Symbole. Freiburg (Herder Taschenbuch) 1998 / 2. Aufl. 2000
Beuchert: Marianne: Symbolik der Pflanzen. Von Akelei bis Zypresse. Frankfurt / M. (Insel) 2./1996
Biedermann, Hans: Knaurs Lexikon der Symbole. München (Droemer Knaur) 1998
Forstner, Dorothea / Becker, Renate: Neues Lexikon christlicher Symbole. Innsbruck / Wien (Tyrolia) 1991
Glunk, Fritz: Das große Lexikon der Symbole. Bindlach (Gondrom) 1997.
Guter, Josef: Lexikon der Götter und Symbole der alten Chinesen. Wiesbaden (Marix) 2004
Hofmann, Helmut: Mit Symbolen intuitiv arbeiten. Inspiration, Meditatin, Schutz und Heilung. München (Irisiana) 1999
Holzapfel, Otto: Lexikon der abendländischen Mythologie. Freiburg/Basel/Wien (Herder Spektrum) 2000
Lurker, Manfred: Lexikon der Götter und Symbole der alten Ägypter. Bern/München (Scherz) 1987
Mohr, Karl-Heinz: Lexikon der Symbole. Bilder und Zeichen der christlichen Kunst. München (Diederichs Vlg.) 10./1988
Sachs, Hannelore / Badstübner, Ernst / Neumann, Helga: Wörterbuch der christlichen Ikonografie. Regensburg (Schnell & Steiner) 8./2004
Seel, Otto: Der Physiologus. Tiere und ihre Symbolik. Düsseldorf (Patmos Paperback) 2003
Vollmar, Klausbernd: Handbuch der Traum-Symbole. Krummwisch (Königsfurt Vlg.) 2000
Vollmar, Klausbernd: Vollmars Welt der Symbole. Lexikon. Krummwisch (Königsfurt Vlg.) 2003
Zerling, Clemens / Bauer, Wolfgang: Lexikon der Tiersymbolik. Mythologie, Religion, Psychologie. München (Kösel) 2003
Zimmer, Heinrich: Indische Mythen und Symbole. Vishnu, Shiva und das Rad der Wiedergeburten. München (Diederich; Diederichs Gelbe Reihe 33) 5./1993

Weitere Literatur

Brosse, Jaques: Magie der Pflanzen. Düsseldorf (Patmos Paperback) 2002

Fleischhauer, Steffen Guido: Enzyklopädie der essbaren Wildpflanzen. 1500 Pflanzen
Mitteleuropas mit 400 Farbfotos. Aarau / München (AT Verlag) 2003

Kerkeling, Hape (Hans Peter): Ich bin dann mal weg – Meine Reise auf dem Jakobsweg.
München (Malik) 2006

Vermeulen, Nico: Illustrierte Kräuter-Enzyklopädie. Eggolsheim (Edition Dörfler im Nebel
Verlag), o. J.

Top-Lenormand-Titel

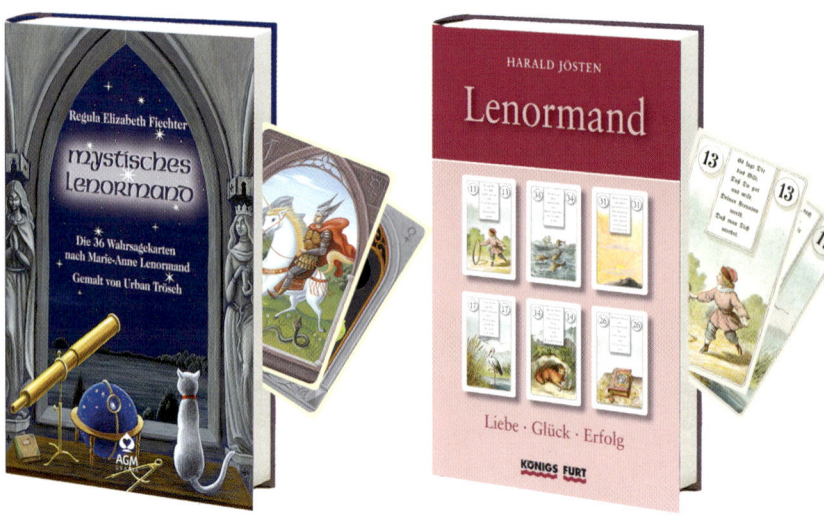

Regula Elizabeth Fiechter
Mystisches Lenormand
Gemalt von Urban Trösch

Set (Buch 280 S. + 36 Karten)
ISBN 978-3-03819-040-0
Buch separat:
ISBN 978-3-03819-127-8
Karten separat:
ISBN 978-3-03819-041-7

Harald Jösten
Lenormand –
Liebe, Glück, Erfolg

Set (Buch 96 S. + 36 Karten)
ISBN 978-3-89875-778-2
Buch separat:
ISBN 978-3-89875-803-1
Karten separat:
ISBN 978-3-89875-779-9